한국 여성정책의 쟁점과 전망

—가족, 성폭력, 복지정책

한국 여성정책의 쟁점과 전망

—가족, 성폭력, 복지정책

권태환 김혜란 양현아 한인섭 황정미

함께읽는책
COBOOK

서 문

이 책의 출발은 2001년 <서울대학교 한국학 프로젝트>로 거슬러 올라간다. 당시 서울대 안에 전문적인 젠더연구를 지향하는 "서울대 여성연구소"가 설립되었고, 여기에 고무된 몇몇 연구자들이 한국 여성정책에 관한 학제적 공동연구를 해보기로 손을 잡았다. 여성정책은 그 때나 지금이나 급변하는 한국사회에서도 가장 첨예한 쟁점이지만 그에 비해 본격적인 학술 연구는 부족하다는 생각에서 법학·사회학·사회복지학을 연결하는 입체적인 연구를 해보려는 의도였다. 다행히 서울대학교 연구처의 지원을 받게 되어 모든 일이 순조롭게 진행되었다. 그런데 연구결과를 책으로 출판하는 과정에서 뜻 밖에도 여러 가지 현실적 제약에 맞닥뜨리게 되었다. 공동 연구자들이 저마다 보직 수행, 취업과 신상의 이동으로 눈 코 뜰 새 없이 바빠지는 바람에 단행본 출판은 예상외로 지연되고 말았다. 시간이 지연된 만큼 연구자들은 하루가 다르게 바뀌는 정책 현실들을 감안하여 결국 원고의 많은 부분을 새롭게 보완하는 이중·삼중의 수고를 감당해야 했다.

최근에는 여성학 중에서도 정책 분야에 대한 관심이 매우 뜨겁고 그런 만큼 기존 연구도 적다고 할 수는 없다. 그런데 기존의 여성정책 연구문헌들은 NGO를 기반으로 현실 문제에 개입하는 매우 실천적인 접근, 그리고 이와는 성격을 달리하는 정부관련 정책연구기관의 법적 계량적 분석 위주의 보고서들로 양분할 수 있다. 이 책은 실천적 접근에 경도된 사례분석이나 기술적·계량적 보고서와는 차별화된, 보다 긴 호흡의 본격적인 연구서를 지향하고자 하였다. 그러나 구체적인 정책 현실과 보다 거시적인 이론적 전망을 결합하기란 역시 쉽지 않았다는 것이 저자들의 솔직한 소회이다.

이러한 어려움은 비단 이 연구만의 한계는 아닐 것이다. 일차적으로 여성정책 연구는 매우 복합적일 수밖에 없는데, 이론적 틀과 현실 정책을 연결하는 동시에 여성주의적 문제의식을 결합해야 하기 때문이다. 거기에 더하여 이 책은 사회학, 사회복지학, 법학을 아우르는 학제적 연구로 진행되다 보니, 공통의 분석틀로 여러 주제를 통합하는 구심력보다는 대상과 관심이 병렬적으로 확대되는 원심력이 더 크게 작용한 면도 있다. 이러한 부족함에도 불구하고 개별 정책 분야들에 대한 사례연구를 넘어서는 보다 포괄적이고 역사적인 정책연구를 하나의 책으로 묶어낸 것은 연구자들로서는 매우 보람 있는 작업이라고 자부할 수 있다.

이 책에서 다루고 있는 주제들, 즉 가족정책, 여성복지정책, 성폭력 정책은 지금도 역동적인 변화를 겪고 있다. 호주제 폐지가 이미 결정되었으며, 여성에 대한 폭력을 보다 효과적으로 방지하기 위한 법개정안들이 지금도 국회에 상정되어 있다. 또한 저출산 고령화 사회가 본격화될수록 사회보장과 젠더, 케어서비스와 젠더에 관한 논의들은 점차 뜨겁게 달아오를 것이다. 이러한 향후 정책 논의에

이 연구가 기여할 수 있기를 바란다.

이 책이 나오기까지 많은 분들이 애를 써 주셨다. 우선 연구비를 지원해주신 서울대학교 연구처에 감사드린다. 이 모든 작업은 서울대 여성연구소의 전폭적인 지원으로 진행되었으며 여성연구소 운영에 수고해 주시는 여러 교수님들, 특히 권태환 초대 소장님과 정진성 현 소장님께는 다시 한번 고마운 말씀을 전하고자 한다. 프로젝트 진행과정에서 힘든 일을 도맡아 해준 서울대 여성학협동과정 박선영 조교, 출판 작업을 맡아서 이 연구가 유종의 미를 거둘 수 있도록 수고해준 이선형 조교에게도 마음으로부터 감사를 드린다. 끝으로 이 책의 출판을 흔쾌히 맡아서 애써주신 나눔의집 출판사의 류보열 대표님과 구길원 실장님, 직원들께 감사를 드린다.

2005. 9.

집필자 일동

1

여성 · 국가 · 정책

권태환 · 황정미

'압축적 근대화'라는 말이 표현하듯이 한국인들은 불과 한두 세
대 사이에 급속한 삶의 변화를 체험하였으며 여성들 또한 예외가
아니다. 한국전쟁 직후 궁핍한 유년기를 보내고 허리띠를 졸라매면
서 가족을 위한 희생을 당연시했던 웃세대 여성들과는 달리, 급속
한 고도성장의 바탕 위에 아동기부터 비교적 풍족한 소비를 경험한
이른바 신세대 여성들은 고등교육과 취업의 기회 또한 더 많이 누
리고 있다. 생산과 재생산, 시장과 가족을 연결하는 지점에서 살아
가는 여성들의 삶의 조건이 현저히 달라짐에 따라 우리 사회의 모
습 또한 가파르게 변하고 있다는 사실을 한국인들은 지금 피부로
느끼고 있다. 인구 재생산의 정상 수준을 위협하기에 이른 세계 최

저의 출산율, OECD 국가 중 2위권의 높은 이혼율, 결혼보다 일을 중시하는 새로운 가치관의 등장, 그리고 엘리트 여성들의 정계와 관계 진출 증대 등은 이처럼 달라진 여성들의 삶의 모습을 드러내는 현상이다.

과거에는 여성과 무관한 것으로 여겨졌던 사회정책의 영역에서도 여러 가지 변화가 나타나고 있다. 평등의식이 높아지고 여성들의 사회참여가 늘어남에 따라, 과거와는 다른 새로운 법과 정책이 확대되는 것은 당연한 일처럼 보이지만, 정책의 결정과정과 그 사회적 파급효과를 분석하는 일은 결코 간단하지 않다. 실제로 여성발전기본법(1995), 남녀차별금지법(1999) 등 많은 법률들이 1990년대를 경과하면서 새로이 제정되었고 중앙부처로서 여성부가 신설되어 외형적으로는 여성정책이 크게 확대되었다고 할 수 있다. 그러나 이러한 여성과 관련된 법과 정책의 도입이 실제로 여성들의 삶에 실질적인 변화를 이끌어내는 견인차의 역할을 한 것인지, 아니면 급격한 사회변동을 뒤따라가는 수동적인 과정에 불과한 것인지에 대해서는 평가가 엇갈리고 있다. 특히 여성에 대한 고용차별 개선이나 일하는 여성의 자녀양육 지원 등은 그 필요성에 대한 많은 논의에도 불구하고 뚜렷한 성과를 내지 못하고 있다. 사실 여성정책에 대한 평가는 여성운동을 지지하는 입장과 반대하는 입장에 따라 대립되기 마련이며 나아가 여성운동 내부에서도 상이한 시각과 논쟁이 제기되고 있다.

이 책은 1990년대 이후의 여성정책에 대해 성급한 평가를 내리기보다는, 보다 장기적인 관점에서 정책의 형성과정을 면밀하게 고찰하고 다양한 사회세력이 제기하였던 쟁점들을 분석적으로 고찰하는 것을 목적으로 한다. 사회학, 법학, 사회복지학 등 다양한 학

문적 배경에서 출발하여 이 책에 참여한 연구진들은 지난 10여 년
간 한국의 여성정책을 긴 호흡으로 되돌아보고 나아가 앞으로의 거
시적인 정책 방향 및 구체적인 정책 과제들을 제시하고자 노력하
였다.

한국의 여성정책 발전과정은 국제적인 배경을 떼 놓고는 이해할
수 없다. 여성의 권리와 지위를 신장시키고 불평등을 완화하고자
하는 정책의 확대는 이념과 국경을 초월하여 전 세계적으로 나타나
는 현상이다. UN을 중심으로 여성차별철폐선언(1967), 여성차별철
폐협약(CEDAW 1979), 여성폭력철폐선언(1993) 등이 채택되었고,
특히 1995년 베이징에서 열린 제3차 세계여성대회에서 채택된 '베
이징 선언과 행동강령'은 여성의 권리 신장을 위한 국제적 목표와
기준을 제시하였다(신혜수, 1999). 189개국 정부 대표 및 NGO 활동
가들이 참여하여 토론한 결과를 토대로 만들어진 베이징 선언에는
국제사회와 각국 정부, 시민사회가 양성평등 사회를 위해 관심을
기울여야할 분야로서 12개 영역이 명시되어 있다. 여기에는 여성과
빈곤, 여성의 교육과 훈련, 여성과 건강, 여성에 대한 폭력, 여성과
무력분쟁, 여성과 경제, 권력 및 의사결정과 여성, 여성발전을 위한
제도적 장치, 여성의 인권, 여성과 미디어, 여성과 환경 등이 포함
되었다.

이러한 국제적인 기준이 모든 사회에 동일하게 적용되는 것은 물
론 아니다. 개별 국가의 정치적 배경, 여성운동의 영향력, 복지정책
의 유형, 국가-시민사회의 관계 등 다양한 조건에 따라 여성정책이
도입되는 방향 및 정책의 효과는 상당한 차이를 보일 것이다. 이미
서구를 중심으로 각 국의 여성정책 제도화, 여성운동의 개입, 복지
레짐과 젠더 효과 등을 비교분석하는 연구문헌이 상당히 축적되었

고, 이를 기초로 새로운 학문 분과로서 페미니스트 비교정책연구 (Feminist comparative policy, FCP)가 등장하였다(Mazur, 2002).

정책 의제들은 현실 사회에서 제기되는 문제와 밀착되기 마련이다. 따라서 여성정책을 보다 역동적으로 고찰하기 위해서는 보편적인 국제기준의 영향뿐 아니라 시대적 조건·문화적 배경에 따른 차별성 또한 간과해서는 안 된다. 이러한 입장에서 하나의 보편적인 이론틀을 모든 여성정책 연구에 적용하는 것은 적절하지도, 바람직하지도 않다는 것이 이 책의 기본 인식이다. 여기에서는 무엇보다도 1990년 이후 진행된 한국 여성정책의 구체적인 내용들에 주목하고 있으며 특히 가족정책, 성폭력 관련 정책, 그리고 여성복지정책의 현실을 점검하는 데 초점을 맞추고 있다. 전체를 관통하는 거시적인 분석틀을 제시하는 것은 차후의 과제로 남겨둔 셈이지만, 그럼에도 불구하고 체계적인 분석을 위해서는 겉으로 드러난 여성관련 법과 제도의 이면에 있는 심층적 배경에 대한 고찰이 필요하다. 이 장에서는 국가와 여성의 관계를 보는 이론적 시각들을 특히 한국의 여성정책 연구에 중요한 요인들을 중심으로 간략히 살펴보고, 이러한 시각에 기초해서 이 책에서 다루는 주요 주제들을 소개하고자 한다.

1. 여성과 국가 - 무엇을 분석해야 하는가?

여성문제가 공식적인 국가 정책의 의제로 포섭되어 공공정책의 한 영역으로 다루어진 역사는 그다지 길지 않다. 공/사 영역의 분리는 전통적인 윤리 관념뿐만 아니라 근대적인 제도의 밑그림으로 작용하였고 따라서 여성들의 문제는 사적 영역의 문제, 다시 말해 '남성 가장'이 관장하는 가정 내부의 일이라는 인식이 지배적이었기 때문이다. 아직도 여성문제가 가족의 테두리 밖으로 터져 나와 사회적인 공론으로 제기되는 것에 대한 거부감이 사회 일각에 남아있다.

그러나 실제로 여성들의 활동과 역할은 좁은 의미의 사적 가족에 국한되지 않는다는 사실은 많은 여성학자들이 규명해온 바이다. 15세 이상 한국 여성의 경제활동참가율은 50%에 약간 미달하는 수준이지만, 그렇다고 나머지 절반의 여성들이 아무런 사회활동을 하지 않는다고 볼 수는 없다. 유급 노동 이외에 여성들은 무급의 가사노동과 보살핌 노동을 수행하였고, 산업사회에서 여성의 가사노동이 이른바 '그림자 노동'으로 평가절하 되었던 것과는 달리 최근 고령화가 급속하게 진행됨에 따라 보살핌 노동의 사회적 의의가 새롭게 재조명되고 있다. 또한 양육자로서의 여성의 가족 내 지위는 유급 노동시장을 구조화시키는 중요한 요인이다. 즉, 여성이 양육 전담자이자 부차적 노동자라는 가부장적 가치관은 사회 곳곳에 침윤되어 여성의 저임금을 정당화하고 노동시장에서의 각종 차별을 관행화시켰으며, 또한 개별 여성들은 직장 일과 가정 일을 병행해야 하는 이중 부담에 시달리고 있다.

특히 한국 사회의 급격한 변동과정에서 '사적'인 가족이 바로 급격한 경제성장의 충격을 흡수하는 역할을 하였다는 사실에는 의심의 여지가 없다. 노동력 재생산의 비용을 최소화하기 위한 소비절약, 차세대를 위한 교육투자, 노약자의 수발과 어린이의 양육에 이르기까지 가족은 사회적 재생산의 대부분을 담당하였다. 성장을 지상과제로 삼아 분배나 복지정책을 백안시해온 한국 사회에서 근대화·산업화의 사회적 비용과 부작용은 가족에게 전가되었다. 이로 인한 가족의 '과부하' 현상은 가족 내 여성의 이중·삼중적 역할 부담으로 이어졌다. 결국 여성의 이중노동과 차별대우는 국가-가족-시장을 연결하는 포괄적 시각이 없이는 설명할 수 없다.

그럼에도 불구하고 국가에 관한 기존 논의들은 국가-가족의 관계, 국가-여성의 관계에 상대적으로 무관심하였다. 주지하다시피 20세기 한국의 사회변동과 발전을 설명하는 데 국가는 매우 중요한 위상을 차지해 왔으며, 국가주도의 발전전략이나 권위주의적 국가의 공과를 놓고 많은 논쟁이 제기되었다. 그러나 기존 연구들은 대부분 한국의 자본주의적 발전 또는 냉전과 분단이라는 국제정치적 상황에 초점을 맞추었다. 이러한 거시적 정치 경제적 변동이 다른 한편으로는 공/사 영역의 경계를 다시 설정하고 가족의 사회적 위치를 조정하면서 새로운 젠더 관계를 생산하는 과정이기도 하다는 점은 주목되지 못하였다.

이른바 국가론의 성맹성(gender-blindness)은 이미 서구 학계에서도 널리 지적된 바 있다. 한 예로 저명한 국가이론가인 제숍(Jessop, 1990)은 자신의 연구가 두 가지 문제를 명백히 누락하였다고 인정하였는데, 두 가지 문제란 군사주의와 전쟁(warfare), 그리고 페미니스트 국가론이다. 주류 복지국가 이론들이 젠더의 시각을 결여하고 있다는 비판은 널리 알려져 있다. 젠더 중립적으로 보이는 복지정책이 사실은 성별에 따라 분절되어 있으며(Nelson, 1990), 남성은 근로능력이 있는 독립적인 생계부양자로 보는 반면 여성은 그들에게 의존하는 피부양자로 전제하고 있다(Fraser & Gordon, 1994)는 지적이 모두 여성학자들에 의해 제기되었다.

이처럼 여성을 배제한 국가이론이나 정책분석에 대한 대안으로써 여성학 연구들은 '가부장제 국가(patriarchal state)' 개념을 제시하였다. 가부장제 국가 개념은 연구자에 따라 상이한 의미로 사용되고 있지만, 국가의 지배체제가 매우 남성중심적이며 또 국가 정책이 남성우위의 가족제도를 지지하고 비대칭적 성별분업을 재생산한다는 점이 그 핵심 내용이다. 그런데 최근 서구 페미니스트들은 '가부장제 국가론'을 경직된 이론적 도식에서 보다 복합적인 역사적 범주로 확대하고 있다는 점이 눈에 띈다. 한 예로 월비는 서구 가부장제가 사적 가부장제(private patriarchy)로부터 공적 가부장제(public patriarchy)로 전환되었다고 분석하였으며, 가부장제가 작동하는 하위 범주를 가구생산, 고용, 폭력, 섹슈얼리티, 문화, 그리고 국가의 다섯 가지로 설정하였다(Walby, 1990: 24). 다섯 가지 하위 영역은 가부장제를 작동시키는 구체적인 기제들을 뜻한다. 이러한 맥락에서 20세기의 가부장제는 개인이나 가족 단위의 지배보다는 국가와 고용관계를 통해 작동하고 있으며, 따라서 공적 가부장제라고 볼 수 있다. 국가는 여성을 단순히 배제하고 억압하기보다는 분절된 형태로 노동시장에 끌어들이는 복합적 전략을 실행하게 된다. 월비의 논의에서 가부장제는 고정된 것이 아니라 구조변동을 겪고 있으며 역사적 조건에 따라 그 지배양식이 상이하다는 점이 잘 드러났다. 국가는 단순히 남성권력의 결정체로 정의되기보다는 가부장제가 작동하는 다양한 층위 중 하나로 간주되며 따라서 국가의 전략과 행동을 보다 복합적이고 역동적인 맥락에서 분석할 필요성이 부각되었다.

국가는 고정된 실체가 아니라 상이한 이익들이 경합하는 투쟁의 장이라는 주장도 이와 궤를 같이한다(Pringle & Watson, 1998). 국가는 시기와 조건에 따라 여성을 일방적으로 억압할 수도 있지만 현대 사회에서 지배전략은 훨씬 더 복합적이다. 즉, 국가는 가부장적 지배 체제 안으로 여성을 동원하는 대가로 여성에게 제한적인 지위 향상을 보장할 수 있으며, 시민사회나 시장보다 앞장서 적극적으로 성평등 정책을 도입하는 이른바 국가 페미니즘(state feminism)도 나타난다(Stetson & Mazur, 1995). 또 국가정책은 이미 존재하는 시민 사회의 젠더 불평등을 반영하기도 하지만 정책을 통해 새로운 형태의 젠더관계와 불평등을 만들어 내기도 하는 것이다.

이 책은 한국의 여성정책에 초점을 맞추기 때문에 정책 비교연구는 아니지만, 비교연구에서 논의되는 개념들은 보다 역동적인 정책 연구에 많은 시사점을 줄 수 있다. 여성정책 연구자가 국가에 접근하는 방식은 대략 네 가지로 구분해 볼 수 있다(Mazur, 2002: 13-16).

첫 번째 접근은 공공정책이 여성의 지위를 신장하고 불평등한 젠더위계를 약화시키는 방식, 그 내용과 행위자, 곧 정책형성과정 자체를 고찰하는 것이다.

두 번째 접근에서는 여성운동과 국가 및 공공정책 간의 상호관계를 분석하며 여성운동의 요구와 이슈가 국가 정책에 도입되는지, 또 어떤 근거로 어떤 과정을 통해 얼마나 성공적으로 도입되는가를 쟁점으로 삼는다.

세 번째 접근은 '국가 페미니즘'에 관한 연구로써 정책 결정과정에 참여하는 여성행위자, 성별분업과 성역할 고정관념에 영향을 미치는 정책효과, 여성정책 전담 기구의 활동을 주로 분석한다. 네 번째 접근은 젠더와 복지국가를 다루는 문헌에서 광범위하게 발견된다. 이와 관련해서는 보살핌 수행에서 남녀 역할에 관련되는 국가정책이 최근에 많이 연구되고 있다.

한국에서 여성학적 시각의 정책 연구, 여성과 국가의 관계를 분석하는 연구들은 1980년대 말부터 본격화되었다. 이들은 주로 여성의 몸에 직접 개입하고 인구를 통제하는 국가의 행위와 정책, 특히 가족계획(김은실, 1991; 이미경, 1989)이나 국가 권력에 의한 성 통제(이재경, 1993)와 성폭력, 남성중심의 가부장제 가족을 전제하는 복지정책, 여성노동자의 생존권 투쟁에 대한 국가의 강압적 탄압 등에 주목하였고, 나아가 한국 국가의 가부장적 성격을 강하게 비판해 왔다. 기존 제도와 정책의 남성중심성을 비판하고 새로운 쟁점을 부각시킨 것은 큰 공헌이지만 여기에는 나름의 한계도 있다. 국가의 가부장적 성격을 강조하면 할수록 억압적 국가와 피해자 여성을 단순하게 대립시키고, 여성을 국가폭력의 희생자 혹은 수동적 피해자로만 강조하게 되며, 결과적으로 정책결정과정의 복합적 행위자 관계를 간과할 위험이 있다.

이 책은 기존의 국가론이나 정책분석이 젠더의 시각을 결여하고 있다는 비판적 관점에서 출발한다. 국가론을 다루는 기존 문헌에서도 고도성장을 지향하는 국가의 발전기획, 또는 경제위기를 극복하기 위한 국가전략이 젠더 관계에 어떤 영향을 미치는지는 본격적인 연구관심사가 되지 못하였고, 대부분의 정책 연구들이 젠더 시각을 외면하는 경향을 지적하지 않을 수 없다. 그렇다고 현재의 제도와 정책이 가부장적·남성 중심적이라는 단순한 결론에 머물러 있을 수는 없다. 한국의 여성정책이 본격적으로 제도화되는 1990년대 이후의 여성 관련 정책은 국가뿐만 아니라 시민단체, 여성운동, 노동조합, 기업대표 등 다양한 행위자들이 참여하는 복합적 결정과정을 거쳐 입안되고 있다.

따라서 구체적 제도와 복합적 결정과정을 먼저 상세하게 고찰하는 노력이 필요하며, 특정 정책이나 제도의 성격을 평가함에 있어서도 여성을 어떤 의미에서 포섭하거나 또는 배제하고 있는지 그 사회적 조건과 배경을 고려해야 한다. 주류 국가이론 및 정책분석의 성맹성(gender-blindness)을 비판함과 동시에 가부장제 국가론의 과도한 추상성에도 경도되지 않으면서, 우리 사회의 현실에 구체적으로 접근하는 분석을 시도하기 위해 이 책에서는 다음과 같은 질문들을 제기하고 있다.

첫째, 1990년대 이후 여성정책은 한국 여성정책의 흐름에서 어떤 의미를 갖는가? 즉, 1990년대 이후의 여성정책은 그 이전의 여성관련 정책과 어떤 차별성이 있으며, 이러한 차별적 변화는 어떤 요인에 의해 추동되었는가? 이에 답하기 위해서는 여성정책의 전개과정을 역사적인 시각에서 조망하는 작업이 필요하다.

둘째, 1990년대 이후 활발하게 입안된 제도와 법률에서 여성의 위치, 여성의 권리는 어떻게 규정되고 있는가? 여성은 여전히 의존적인 피부양자나 전통적인 모성역할 및 성별분업의 담당자로 전제되고 있는지, 여성이 독립적인 생계의 주체가 되는 데에 기존 제도들이 어떻게 긍정적 혹은 부정적으로 작용하는지 등을 고찰할 것이다.

셋째, 구체적인 법과 제도의 실행에서 빚어지는 문제점들은 무엇인가? 국제적인 영향으로 새로운 제도가 도입되었다 하더라도 과거의 제도적 유제나 가부장제의 고정관념들이 온존함으로써 평등 원칙을 적용함에 있어 혼선을 빚거나 정책의 실효성을 떨어뜨리는 사례, 다양한 정책이 발표되었음에도 불구하고 여전히 사각지대에 남아있는 여성문제는 어떤 것인지 고찰할 것이다.

2. 여성정책의 영역: 여성적 관점과 역사적 관점

여성정책을 어떻게 정의하고 정책의 영역을 어떻게 설정할 것인지는 연구자의 관심에 따라 다를 것이며, 또한 학술적 연구에 중점을 두는가 아니면 구체적인 정책의 실현을 지향하는가에 따라 달라질 수 있다. 앞서 소개하였듯이 베이징 세계여성대회에서는 다양한 국가들의 상황을 수렴하여 12 가지의 관심영역을 제시한 바 있다. 한편 여성정책 비교연구자인 마주어 교수는 정책영역을 일곱 가지, 곧 총괄적 정책 청사진, 정치적 대표성, 평등고용, 일과 가정의 양립, 가족법, 재생산 권리, 섹슈얼리티와 폭력으로 구분하고 있다 (Mazur, 2002).

모든 사회정책에는 명시적 측면과 잠재적 측면이 공존하며, 특히 새롭게 시도되는 정책 영역을 분석할 때는 더욱 여기에 주의해야 한다. 한 예로 군가산점 제도는 나라를 지키기 위해 병역 의무를 마친 남성들이 취업에서 우대받게 하는 것이 명시적 목적이었지만, 그로 인해 고학력 여성들의 취업기회가 부당하게 축소되는 다른 효과를 함축하고 있었으며 이런 측면은 피해 당사자들이 문제를 제기하기 이전까지 묵살되었다. 그러므로 드러난 정책, 가장 활성화된 정책들만 나열하는 식의 연구는 여성정책의 쟁점을 드러내는 데 한계가 있을 것이다.

이 책에서는 한국 여성정책의 흐름과 쟁점을 보다 폭넓게 보기 위하여 '여성적 관점'과 '역사적 관점'을 연구의 출발점으로 삼았다. 여성적 관점에서 정책을 고찰하는 방법에는 두 가지가 있을 수 있다. 첫 번째는 여성을 직접 대상 집단(target group)으로 삼는 정책을 여성정책으로 보고, 여성들의 필요(need)가 제도 안에서 적절히 인지되고 또 충족되고 있는가를 분석하는 것이다. 예를 들면 모자가정이나 여성 가구주에 대한 지원정책, 폭력 피해를 입은 여성들을 위한 쉼터 제공, 직장 내 성희롱 피해여성들을 위한 피해구제제도 등이 여기에 해당한다.

두 번째 접근은 여성을 직접 대상으로 하는 정책에 국한하지 않고 주요 사회정책의 젠더 효과(gender effect)를 폭넓게 분석하는 것이다. 가령 사회보험이나 연금제도는 표면적으로 성별에 따라 대상을 특정하지는 않지만, 그 안에 여성을 차별하거나 여성에게 불리한 조항이 있는지, 그로 인해 여성의 취업이 제한되는 효과는 없는지 등을 분석하는 것은 매우 중요하다. 남녀모두에게 해당되는 중립적 정책이 결과적으로 성별에 따른 차별적 효과를 낳는 현상을 탐색하는 연구들은 앞으로 그 중요성이 더욱 커질 것이다. 여성의 사회참여가 늘어나면 늘어날수록, 특히 여성의 노동시장 참여가 증대할수록 다른 사회영역과 구분되는 '여성적 영역' 만을 분리하는 것은 큰 의미가 없을 것이기 때문이다.

첫 번째 접근이 구체적이고 미시적인 것이라면 두 번째 접근은 보다 거시적인 시각에서 정책의 지향성을 분석하는 데 초점을 맞춘다. 물론 양자가 분리되거나 상호배타적인 것은 아니다. 실제 대상자가 있는 정책을 구체적으로 점검하는 것은 중요하다. 그러나 그것만으로는 여성의 경제활동 및 정치 사회적 활동의 급속한 변화를 제대로 진단할 수 없다. 다시 말해 현실정책을 분석함에 있어서는 직접적으로 여성을 대상으로 하는 정책의 구체적인 내용과 형성과정을 파악하는 것이 중요하지만, 보다 미래지향적으로 여성정책의 방향을 모색함에 있어서는 전반적 사회정책의 젠더효과를 비판적으로 점검하는 것이 반드시 필요하다. 이 연구에서는 이 두 가지 측면을 모두 고려하여, 가족정책, 성폭력 관련 정책, 그리고 여성복지 정책을 분석 대상으로 삼았다. 이 세 가지에는 모두 직접 여성을 대상으로 하는 정책이 포함되어 있다. 동시에 이들은 총체적으로 기존 정책의 비대칭적 젠더효과를 비판하는 시각을 반드시 필요로 한다.

여성정책을 역사적 관점에서 조망하는 작업이 큰 의미가 있다는 것은 이미 서구 연구에서 잘 드러난 바이다. 산업화와 인구구조 및 가족규모의 변화, 공/사 분리의 변화 등은 모두 여성정책에 큰 영향을 미치기 마련이며 따라서 역사적 관점은 국가가 여성에 개입하는 정책들의 의미를 학문적으로 해석하는 데 반드시 필요하다. 물론 한국의 여성정책은 그 역사가 아직 일천하며 이 연구 역시 1990년 이후의 최근 정책을 분석대상으로 삼고 있지만, 그러나 1980년대의 민주화 운동과 국가-시민사회의 관계 변화, 여성운동단체를 비롯한 많은 NGO의 등장, 그리고 그 이전부터 이어지는 국가기구의 특성 등을 종적인 관점에서 고찰한다면 여성정책에 대한 보다 입체적인 이해가 가능할 것이다.

이러한 관점으로, 이 책에서는 한국 여성정책의 역사적 배경과 전개과정을 살펴보고, 이어서 가족정책, 여성에 대한 폭력과 관련 정책, 그리고 여성복지정책의 쟁점들을 차례로 다루고자 하였다.

1) 한국 여성정책의 역사적 배경과 전개과정

양성평등을 명시적 목표로 삼는 여성정책이 도입된 역사는 길지 않으며, 또한 개발연대에 형성된 다른 사회정책과는 차별적인 성격

을 가지고 출발하였다. 특히 평등한 권리보장과 차별해소라는 기본
원칙은 민주화 운동의 활성화 및 국가기구의 민주화와 궤를 같이하
는 것이다. 그러나 실질적으로 정책을 실행하는 과정에서는 과거의
관행적 틀이 정책 효과에 상당한 영향을 미친다는 점을 간과할 수
없다. 즉, 신설된 정책이라고 하여 백지 상태에서 출발한다고 가정
할 수는 없는 것이다. 새로이 법을 만들고 인력을 충원하였다 하더
라도, 모든 정책은 기존의 공식적 비공식적 제도와 관행으로부터
영향을 받기 마련이며 이러한 제도적 유제(institutional legacy)가 뜻
밖에 정책의 성패를 좌우하는 경우도 나타난다.

제2장에서는 한국여성정책의 전사(prehistory)를 간략히 살펴보는
셈인데, 미군정에 의해 1946년 부녀국이 설치된 이래 최근에까지
약 반세기 동안 한국 국가와 여성의 관계, 여성과 관련되는 국가정
책이 어떤 변화를 겪어 왔는지를 고찰하고 있다. 해방 직후 혼란의
와중에서 미국식 제도를 도입해 부녀국이 만들어졌고, 이후 한국전
쟁, 1960년대 산업화와 이촌향도, 1970년대 권위주의적 국민동원의
시대를 거치는 동안, 현재와 같은 의미의 남녀평등을 지향하는 정
책은 아니라 할지라도 국가는 다양한 방식으로 여성의 삶에 개입하
여왔다. 1980년대 민주화시기를 거치면서 여성들의 사회참여가 확
대된 이후의 변화는 우리가 목격해온 바와 같다. 여기서는 구체적
인 자료를 통해 정책의 변화를 정리하고 아울러 여성정책의 확대를
추동해온 요인들이 무엇인가를 질문하고 있다.

1990년대부터 지금에 이르기까지 여러 가지 관련법의 제정과 개
정, 정부 기구와 조직의 변화가 있었지만 이를 관통하는 큰 흐름은
두 가지로 요약할 수 있다. 첫 번째는 정책 패러다임 내부의 변화로
써 1990년대 이후 한국의 여성정책에는 과거에 없던 새로운 개념,

곧 젠더 계획(gender planning)의 발상이 도입되었다. 물론 정책이 지향하는 가치와 이념도 과거의 가부장적 여성관에서 벗어나 양성평등, 여성의 사회진출 확대, 여성 인권의 보장 등 새로운 내용으로 바뀌었다. 그런데 여성을 지원하고 차별을 완화하기 위한 계획을 수립하고 체계적인 행동계획을 마련하는 과정 그 자체가 여성정책을 새로운 차원으로 끌어올리는 효과가 있었던 것이다. 두 번째 특징은 국가-시민사회 관계의 변화, 달리 표현하면 여성정책에 여성단체 및 시민사회 단체의 참여가 크게 늘어났다는 사실이다. 따라서 2장은 역사적 관점에서 여성정책의 전개과정을 살펴보는 시도인 동시에 각 부문별 여성정책의 위상을 보다 적절하게 분석하기 위한 도입부로서의 의미도 갖는다.

2) 가족정책

가족정책은 최근 한국 사회에서 가장 뜨거운 정책 쟁점으로 부상하였다. 1997년 이후 경제위기를 거치면서 가족해체 및 가족위기론이 사회적 관심사가 되었다(안병철 외, 2001). 출산율 저하와 인구구조의 고령화는 가족문제가 단지 개인사가 아니라 국가의 미래를 좌우할 중대 과제라는 인식을 불러일으켰던 것이다.

한편 여성학자들은 여성을 가족에 소속된 존재, 의존적 피부양자로 보는 전통적 가족가치관이 남녀차별의 출발점이라고 지적해왔다(이재경, 2003). 호주제 폐지, 여성의 재산권 인정 및 이혼 시 재산분할제도 등은 양성평등을 달성하기 위한 최우선적인 정책으로 부각되었고, 결국 해방 후 반세기 동안이나 존속해온 호주제를 폐지하자는 결정이 내려졌다. 이처럼 가족정책은 국가의 인적 자원 및 노동력 수급 정책의 측면과 평등을 지향하는 여성학적 관심이 중첩되는 분야로써, 또한 국민 모두의 일상생활 및 삶의 질과 직결된 문제로써 그 어느 때보다도 사회적으로 집중 조명을 받게 되었다.

가족정책이 여성에게만 해당하는 것은 아니지만 가족의 개념과 범위, 결혼의 법적 지위 자체가 여성의 삶에 큰 영향을 미칠 수 있다. 남편과 아내, 아버지와 어머니, 아들과 딸의 권리를 불균등하게 규정하는 부계중심적 가족개념은 이제 평등하고 민주적인 가족 개념으로 바뀌어야 한다. 이 책에서는 가족법 개정과정에서 제기된 다양한 집단의 주장들을 살펴보고 가족에 관한 법적 규정이 결과적으로 어떤 불평등한 젠더효과를 가져오는지를 분석하고 있다.

여성을 명확한 정책 대상으로 보는 예는 모성보호 정책에서 찾아볼 수 있다. 취업 여성들이 결혼과 출산 이후에도 퇴직하지 않고 계속 일할 경우 직면하게 되는 부담들을 덜어주기 위해 사회가 건강한 출산, 안전한 양육을 어느 정도 효과적으로 지원하는가는 매우 중요한 문제이다. 1990년대 중반부터 모성보호 및 육아지원의 필요성을 여성운동단체들이 강조하였고 2001년에는 구체적인 법안 개정의 문제를 놓고 국회 및 시민사회에서 논쟁이 벌어졌다. 여성운동의 일각에서는 여성을 취약한 존재로 규정하는 모성보호 개념에서 벗어나서 여성의 임신·출산권이라는 적극적 용어를 도입할 것을 주장하고 있다. 아무튼 일하는 어머니들의 실제적인 경험과 필요(need)가 정책에서 얼마나 적절히 인지되고 또 충족되고 있는가를 질문하는 것은 현재의 정책 평가뿐만 아니라 앞으로의 정책 방향에도 많은 것을 시사해줄 것이다.

3) 여성에 대한 폭력과 국가 정책

이른바 급진적 페미니즘(radical feminism)에서는 1970년대부터 여성억압의 핵심적인 요소로서 성폭력을 주목하였다. 성폭력 문제는 근대적 시민권이 여성의 성적 자기결정권을 어느 정도 포괄 혹은 배제하는가라는 이론적 쟁점과 직결되어 있다. 여성의 몸과 성이 남성(남편 혹은 아버지)에 의해 소유 · 보호되는 것으로 보는 전통적 관념에 따르면 가족에 의한 성폭력이나 가정 내 폭력은 사생활의 문제일 뿐 사회적인 의미의 폭력으로 인식될 수 없다.

그러나 1990년대를 통해 이른바 반성폭력 운동, 즉 성폭력에 반대하고 성폭력 예방 및 피해자 보호를 위한 법적 제도적 대응책을 마련하는 활동이 크게 확산되었다. 성폭력의 개념과 범위를 법적으로 규정하는 일은 그리 단순하지 않다. 우선 성적 폭력(sexual violence)과 젠더 폭력(gender violence)은 상호 중첩되기는 하지만 완전히 일치하는 것은 아니며 어느 쪽이 더 심각한 폭력인가를 구분하기도 어렵다. 그리고 단순한 물리적 신체적 상해를 의미하는 폭력과 여성에 대한 성적 폭력이 어떻게 다른지 보다 명확한 설명이 필요하다. 성폭력을 당한 피해자에게 오히려 비난과 낙인을 덧씌우는 바람에 2차, 3차의 피해가 나타나는 것도 성폭력 사건의 특징이다.

이 연구에서는 여성을 대상으로 하는 다양한 폭력들을 포괄적으로 고찰하기 위해 성폭력, 가정폭력, 성희롱(sexual harrassment)을 모두 묶어 '여성에 대한 폭력'이라는 개념을 사용하였다. 1990년대 반성폭력 운동에서 어떤 쟁점이 부각되었는지 살펴보고, 운동의 결과로 제정된 법률들의 내용을 검토하는 데 초점을 맞추었다. 그리고 여성에 대한 폭력을 다루는 정부 기구의 문제점과 개선방향도 제시하고자 하였다.

4) 여성복지정책

여성복지정책은 일차적으로 전반적인 복지정책의 젠더효과, 즉 사회보장의 제도적 체계가 여성을 어떻게 통합 혹은 배제하고 있는지 살펴보는 작업과 더불어, 구체적으로 여성을 대상으로 하는 정책의 실태를 점검하는 이중적 작업을 통해 분석될 필요가 있다.

한국의 복지체제는 개인의 안녕과 복지를 가족의 책임으로 돌리고 국가는 최소한의 복지, 잔여적인 복지만을 제공하는 이른바 자유주의적 이념에 기초해 있다. 한국의 국가는 냉전질서와 분단체제 아래 세계자본주의 체제 속에서 후발, 반주변부 국가로서 발전하였고, 빠른 경제 성장을 위해 선택한 선성장 후분배의 추격발전전략은 가족을 지원하는 정책의 확대와는 정반대로 가족에 '의한' 복지를 중심으로 하는 최소복지를 낳았던 것이다. 서구의 자유주의 복지국가들이 여성의 사회적 시민권과 관련하여 모성과 아동의 영역에 대해서는 어느 정도의 사회적 보호를 제공해온 것과는 달리, 우리 사회의 여성복지는 개발국가의 성장주의 하에서 도덕적 규제와 선별적 보호정책으로 축소되었다.

1990년대 이후 복지정책에 많은 변화가 있었으며, 특히 1997년 경제위기와 실업급증에 대응하기 위해 이른바 '생산적 복지'의 틀이 도입되었다. 그러나 여성적 관점에서 보았을 때 남성 가족부양자를 중심으로 하는 복지정책의 기본틀 하에서는 여성의 권리가 부수적이고 잔여적인 것으로 남는다는 문제는 여전하다. 이는 국민연금, 기초생활보장, 모자복지, 보육정책 등 복지정책의 각 분야에서 나타나는 문제점들을 살필 수 있다. 그러나 거시적으로 보면 복지정책은 가족관계 및 고용관계와 밀접하게 연관되어 있으며 여성정책에서 복지영역이 차지하는 비중은 점차 더 확대될 것으로 예상된다.

2

한국 여성정책의 형성과정과 1990년대 여성정책의 의의

―패러다임 전환의 두 가지 요인

황 정 미

  '여성정책'이라고 하면 먼저 여성과 관련된 행정기관이나 법률 조항들을 먼저 떠올리게 된다. 그런데 정책의 입안과 실행은 사회적인 조건과 맥락에 많은 영향을 받기 마련이며 따라서 여성정책을 이해하려면 좁은 의미의 '여성에 관한 정책' 자체를 넘어서서 폭넓은 사회적 역사적 배경을 입체적으로 살펴보는 시각이 필요하다. 여성정책을 담당하는 정부기구가 설치되는 과정 및 기구의 성격, 법률의 입법과정과 형태는 국가마다 상이하며, 여성들이 여성정책에 참가하는 방식도 정당-관료-여성운동 간의 역학관계에 따라 다르게 나타난다(Stetson & Mazur, 1995; Mazur, 2002). 이러한 정책 형성과정(policy formation)의 차이는 당연히 정책의 사회적 결과, 즉 정

책이 여성들의 삶을 개선하는 데 실질적으로 기여하는 정도에도 영
향을 미칠 것이다. 많은 연구자들이 여성정책의 형성과정을 분석하
는 것도 바로 이런 이유에서이다.

이 글에서는 '전체적인 시각'(holistic approach)에서 한국 여성정책
의 형성과정을 조망하려고 한다. 정책 형성과정은 자원과 이익을
점유하고 있는 다양한 행위자들의 상호작용(경쟁, 갈등, 타협 등)으
로 짜여지기 때문에 그 자체가 매우 복잡하고 정교한 분석을 요구
한다. 그러나 다른 한편 여성문제를 둘러싼 사회적 관심과 그 배경,
의제 설정에서 변화과정 등을 포괄적으로 조망하는 거시적 시각 또
한 필요하다. 한국 여성정책을 다루는 기존 연구문헌들은 주로 정
책 사례연구에 집중하는 경향이 있고 외국의 연구 동향에 비추어
볼 때 정책 형성과정을 긴 호흡으로 조망하는 시도가 상대적으로
매우 부족하다. 따라서 여성정책이 사회적 의제로 제기되고 뒤이어
법과 제도가 형성되어가는 후속 과정들을 시간 순서에 따라 정리하
고, 그 과정에서 나타나는 특징들을 추출해내는 작업은 구체적 사
례연구를 보완하고 나아가 개별 정책들을 역사적 흐름 속에 위치를
갖게 하는 의미를 지닌다.

1990년 이후 여성정책이 본격적으로 제도화되는 시기가 분석의
초점이 되겠지만, 그러나 그에 앞서 이전의 정책 흐름을 살펴보는
것도 중요하다. 여기에서는 분석의 시기를 좀더 확대하여, 1946년
미군정에 의해 부녀국이 설치되는 시점으로부터 1980년대에 이르
는 여성관련 정책들을 간략하게 살펴보고자 한다. 본격적인 정책
형성 이전(pre-formulation)의 배경을 이해함으로써 1990년 이후 입
안된 여성정책의 특성이 보다 명확하게 드러날 것이기 때문이다.

1. 여성정책의 역사적 배경: 해방 이후 1980년대까지

1) 해방과 전쟁

근대적인 국가행정의 차원에서 여성 문제를 다루게 된 것은 1946년 미군정법령 제107호 '부녀국 설치령'에 의해 부녀국이 만들어진 이후부터라고 볼 수 있다. 당시 보건후생부 안에 설치된 부녀국은 최초의 여성관련 국가기구라는 점에서 나름의 의미를 갖고 있지만, 그러나 해방 직후의 사회적 혼란 상황에서 그 활동의 폭은 상당히 제한되어 있었다. 부녀국은 여성을 대상으로 하는 계몽강습회 개최, 어머니 학교 운영 등 교육 사업을 주로 관장하였다(보건사회부, 1987). 미국 여성정책에 영향을 받은 부녀국 설치령에는 여성의 직장확대, 복지, 보건과 분만, 참정권, 매춘의 폐지 등 광범위한 목적이 제시되었지만 당시 부녀국의 열악한 위치에서 이러한 사업들을 수행하기를 기대하기는 어려웠다.

1948년 정부수립으로 정부조직이 개편될 때에도 부녀국은 그대로 존속되었으며, 여성의 지도와 교양에 관한 사항을 담당하는 지도과, 그리고 부녀아동의 보육과 보호시설을 담당하는 보호과가 각각 설치되었다. 이 때 만들어진 부녀행정의 틀은 1970년대 말까지 큰 변화 없이 지속되었다고 볼 수 있다.

1950년 한국 전쟁이 발발하자 부녀행정도 전쟁이라는 특수 상황에 맞추어 업무를 집행하게 되었다. 전쟁은 수많은 전쟁미망인과 고아 등 '요보호자(要保護者)'를 남겨놓았으며 이들에 대한 응급구호사업이 가장 시급한 사업이 되었다. 외국으로부터의 원조는 구호사업의 주요한 물적 기반이었으며 정부도 1953년 국립전쟁미망인 수용소를 설립하고 민간의 사설모자원 설치를 적극 권장하였다(보사부, 1987: 68). 부녀국은 여성과 아동을 보호하는 시설을 관리하는 행정업무를 맡았으며 수용된 여성들에게 재봉, 편물 등의 작업을 교육하여 수입을 올리도록 하였다.

해방 이후부터 1950년대까지 국가가 여성문제를 인식하고 또 개입하는 방식은 그다지 체계적이지 못하였지만, 초기의 틀은 이후 정책의 방향에 적지 않은 영향을 미쳤다. 도입기의 부녀행정은 일단 미군정의 영향 하에 여성의 지위개선을 원칙적으로 천명하기는 하였으나 실질적으로 여성들의 복리를 증진시킬 자원이나 수단을 제대로 갖추지 못한 채 계몽교육에 치중하였다. 또한 한국전쟁은 사회적 보호를 필요로 하는 여성들을 지원하는 사업이 출발하는 계기가 되었지만 주로 외국 원조에 의존하는 일시적인 응급구호사업에 치우침으로써 체계적인 여성지원 정책으로 정착되지 못하였다.

2) 개발국가(developmental state)와 여성

주지하다시피 박정희 정권은 경제발전을 국가의 최우선 정책 목표로 천명하고 고도성장을 위한 권위주의 질서를 사회 전반에 고착시켰다. 물론 여성문제는 우선적인 정책관심사가 아니었지만, 결과적으로 경제발전을 위해 국가가 위로부터 국민을 동원하는 프로그램 안에는 여성과 관련된 다양한 사업들이 포함되어 있었다. 개발국가의 성격으로 인해 여성문제에 대한 국가의 인식과 개입에는 다음과 같은 특징이 나타났다.

첫째, 여성문제 자체를 해결하려는 정책목표는 도입되지 않았으며 국가의 전체적인 개발전략에 맞추어 여성에 대한 개입의 방향이 결정되었다. 특히 권위주의 체제가 강조하였던 도덕적 통제담론의 연장선상에서 여성문제가 인식되고 있었다. 여성은 국가발전의 목표를 각성하고 절약·내핍생활을 감당해야 하며, 효와 부덕을 지키는 가족윤리의 수호자가 되도록 요구받았던 것이다. 이처럼 여성의 가족적 책임을 강조하면서도 여성들의 자녀출산과 양육을 지원하는 정책들은 마련되지 않았다. 여성은 가족에 소속된 사적인 존재로서 재생산활동은 여성이라면 마땅히 수행해야 할 도덕적 책무로 전제되었던 것이다.

둘째, 여성노동자에 대한 정책적 인식 또한 매우 열악하였다. 1970년대에는 미혼여성노동자를 중심으로 여성의 취업이 증대하였으나 이들은 최소한의 노동보호조치도 없는 열악한 상황에서 생활전선에 뛰어들어야 했다. 국가가 주도하는 산업화 전략은 성별위계에 따라 차별적인 효과를 낳았으며 여성은 저임금 단순노동에 소모적으로 동원되었다. 1973년부터 미혼여성노동자를 위한 직장교실, 근로여성교실 등의 프로그램이 시행되었지만 이른바 여성적 교양교육과 부덕함양이 주를 이루었으며 직업훈련의 성격은 매우 취약하였다(노동청, 1979; 황정미, 2001).

셋째, 여성관련 정책을 담당하는 국가기구는 예산과 조직 면에서 매우 주변화 되어 있었으며 20년간에 걸친 이촌향도·도시인구집중·핵가족화 등 거대한 사회변동에도 불구하고 이에 상응하는 정책의 변화는 뚜렷하게 나타나지 않는다. 1963년 부녀국이 부녀아동국으로 개편된 이후 1979년까지 정부 기구에는 별다른 변화가 없었고 따라서 아래로부터 제기되는 새로운 젠더 필요(gender need)에 적절히 부응할 수 없었던 것이다.

좀더 구체적으로는 보건사회부 부녀아동국이 담당했던 부녀행정의 내용은 두 갈래의 방향으로 진행되었다. 첫 번째는 부녀보호사업으로써 남성가장이 주도하는 가정의 틀에서 벗어난 여성들, 즉 가출여성, '윤락여성', 모자가정 등 취약 여성을 한시적으로 보호하거나 관리·통제하는 사업이다. 정부는 모자원과 같은 부녀보호시설, 상담소 등을 운영하였지만 실질적인 보호의 기능을 하기는 어려웠다. 법적 기초도 불완전해서 요보호 여성에 대한 사업을 뒷받침하는 법은 사실상 '윤락행위등방지법'밖에 없었으며, 상담소나 상담원의 지위 또한 불안정하고 열악하였다.

두 번째는 부녀지도사업으로써, 특히 가정주부를 대상으로 합리적이고 과학적인 가정관리 기술을 계몽하며 또 각종 국가사업에 여성단체와 대중들을 동원해 내는 사업이었다. 특히 가족계획사업과 여성대상 피임약 및 피임시술의 보급, 새마을 부녀회 활동 등이 두드러진다. 각종 생활개선, 허례허식 타파, 반공이념 고취, 소비절약 등의 계몽사업뿐만 아니라 가족계획, 농어촌 소득 증대, 지역개발, 환경개선 등의 다양한 지역개발사업에 여성들이 대규모로 동원되었다. 5·16 군사쿠데타 직후 재건부녀회가 조직된 것으로부터 시작해서 가족계획어머니회, 새마을부녀회 등 '위로부터' 조직되고 운영되는 여성조직이 상당한 규모로 확대되었으며, 이러한 부녀조직들은 부녀국뿐 아니라 총리실, 내무부, 농촌진흥청, 가족계획관련 기관, 지방행정기관 등이 협의하여 관리하였다(보건사회부, 1981). 고도성장 전략과 결합된 권위주의적 국가체제 하에서 '부녀지도사업'은 지역사회 수준의 문제를 해결하기 위해 여성들의 자원활동을 무급으로 동원하는 방식으로 정착된 것이다.

1970년대 후반에 여성단체들이 활성화되는 현상도 주목할 만하다. 농촌 위주의 부녀회 조직과는 성격을 달리하는 대도시 중산층 여성 중심으로 여성 민간단체가 점차 늘어났으며 특히 'UN 세계여성의 해'(1975년)는 여성단체의 활동이 사회적 주목을 받는 계기가 되었다. 1970년대 여성단체의 활동은 양면적인 의미를 갖는다. 한편으로 대다수의 여성단체들이 고통 받는 여성들(여성노동자, 편모가장 등)의 문제는 간과한 채 국가사업과 온건한 사회봉사활동에 치중하였다는 점에서 양성평등에 그다지 기여하지 못한 것으로 평가할 수 있다(서명선, 1989). 다른 한편 일부 여성단체들은 가족법 개정운동, 기생관광 반대운동을 전개하였으며(이효재, 1996), 이 시기 여성단체의 활동은 1980년대 이후 여성운동이 급성장하는 데 밑거름이 되었다.

3) 민주화와 여성정책의 지형변화

1980년대는 한국사회에서 권위주의적 지배체제가 해체되는 시기였고, 민(民)보다 관(官)이 우선하는 '위로부터 아래로(top-down)'의 의사소통이 당연시되던 관행이 서서히 변화하였다. 특히 1987년 범국민운동의 확산은 정치 변동을 이끌어냈을 뿐 아니라 국가-시민사회의 관계를 변화시켰으며, 나아가 사회정책이나 여성정책의 지평 자체를 바꾸는 계기가 되었다.

1980년대의 가장 큰 특징은 아래로부터의 여성단체들이 활발하게 성장한 것이다. 앞에서 지적하였듯이 이미 1970년대 후반에는 여성단체들이 점차 활동을 확대하고 있었으며, 여성노동자들이 노조를 결성하는 움직임도 나타났다. 여성운동의 활성화가 국내적 요인이라면 국제적인 요인 또한 여성정책에 많은 영향을 미쳤다. 여기에서는 1980년대 여성정책의 특징을 여성운동의 활성화, 그리고 여성관련 법제 및 국가 기구의 변화로 나누어 살펴보겠다.

(1) 여성운동의 활성화

1980년대를 통해 여성운동이 크게 성장하였으며 여타 진보적 민주화 운동과 사안에 따라 연대·협력하거나 때로는 여성의 독자적 요구를 강하게 표출하였다. 거시적으로 본다면 1980년대는 이미 1970년대 후반부터 성장하기 시작한 기독교 여성운동이나 여성노동운동의 흐름을 흡수한 여성운동이 민주화운동의 확산과 더불어 그 사회적 영향력을 확대한 시기였고, 이러한 역량은 1990년대 법 개정 및 제정운동으로 이어져 여성정책의 현실적 변화를 가능케 하는 원동력이 되었다.

1980년대 초반에는 인권회복, 유신반대, 민주화 쟁취라는 1970년대 운동의 정서와 이론의 연장선상에서 지식인 중심의 여성단체들이 잇달아 창립되는데, 여신학자협의회(1980), 여성평우회(1983) 등이 그것이다(이미경, 1998: 19). 새로운 대안문화 운동을 전개하는 동인모임인 '또 하나의 문화'(1984)가 만들어졌고, '여성의 전화'(1983)는 아내구타 및 성폭력 피해자들에 대한 전문적인 상담사업을 하였으며 1987년에는 독자적인 여성노동운동 단체인 여성노동자회가 결성되었다. 개별 단체들의 활동도 큰 의미가 있지만 무엇보다도 새로운 여성단체들을 회원으로 하는 우산조직(umbrella organization)인 한국여성단체연합(이하 여연)이 1987년에 창립됨으로써 여성정책 확대의 중요한 행위자로 등장하였다.

각 단체의 성격에 따라 차이가 있지만 1980년대에 창립된 여성단체들은 대체로 사회민주화 운동에 적극적으로 참여하고 다른 사회단체들과 긴밀하게 연대하였다. 이른바 여성적 영역에만 활동을 국한하지 않고 민족민주운동이라는 대국적 흐름에 주체로서 참여하고자 하였으며, 다른 한편으로 양성평등에 대한 새로운 인식과 여성문제에 대한 전문성을 갖추고자 하였다.

1980년대에 활성화된 여성운동단체들은 과거 정권에 순응적이고 보수적인 여성단체와는 성격을 달리하는, 민족민주운동에 동참하는 여성운동으로 자신의 정체성을 규정하였다. 따라서 이들 단체들이 처음부터 여성정책에 관심을 가진 것은 아니었으며, 시기에 따라서는 다른 민주화 운동과 연대하여 시위와 집회, 직접적인 정치투쟁에 역량을 집중하기도 하였다.[1] 그러나 여성운동 내부에서는 합법적인 법개정이나 정책을 요구하는 운동에 대한 관심이 점차 강화되기 시작하였으며, 1990년대에 이르면 압력단체, 시민단체로서의 운동방식에 주로 치중하게 된다. 사회운동과 정부정책의 관계도 1970년대와는 전혀 달라져서 과거 여성단체들이 주로 가족계획, 지역개발 및 봉사활동과 같이 정부의 사업에 적극 참여했던 것과는 달리, 1980년대의 여성단체들은 페미니즘의 이념을 공유하였으며 새로운 대안적 양성평등의 가치를 정부가 수용하도록 요구하였다. 1990년대 한국 여성정책의 지형을 전면적으로 바꾸어놓은 여성운동의 활발한 정책활동은 이미 1980년대 말부터 그 단초가 나타나며, 대표적인 것이 1988년 남녀고용평등법(이하 고평법) 개정이다.

---

1) 이미경은 1980년대 여성운동이 '기층 여성', 즉 여성노동자나 빈민여성들에 초점을 맞추고 있었으며, 활동방식에 있어서도 선도적인 청년활동가 조직에 가까웠다고 표현하고 있다. "1987년부터 80년대 말까지 초창기 여연의 지방단체들은 기층여성을 지원하는 선도적인 청년활동가 조직의 성격을 띠고 있었다"(이미경, 1998: 35).

남녀고용평등법의 제정(1987)은 근로기준법(1953년 제정)상의 여성보호조항이 사문화되어 있던 상황에서 여성의 평등한 노동권과 모성보호를 상징적으로나마 규정하는 중요한 사건이었다. 그러나 고평법의 이러한 의의에도 불구하고 대통령 선거를 앞두고 졸속으로 도입되어 일본의 관련법을 그대로 모방하는 등의 문제가 많았다. 고평법의 최초 제정과정은 여성계나 여성운동의 목소리를 전혀 반영하지 않은 것이었다. 이 때문에 고평법은 많은 논란을 불러일으켰으며 그 후 4차에 걸쳐 개정되었다.

> 구체적으로 남녀고용평등법 제정에 대한 여성의 요구가 법적 대안으로 정리되고 표출되지는 않은 상태에서 1986년 여당에 의해 법안이 상정되었다. 여성계는 이러한 소식을 접하고 나서 서둘러 공청회를 개최하는 등 법안에 대한 검토와 요구를 제시하였다. 그러나 그해 정기국회는 원안을 그대로 통과시켰다. 고평법에 대한 논의와 여성들의 요구는 이때부터 더욱 활발해져서……그 이후 보완이 이루어지게 되었다.(조형, 1996: 26)

고평법 상의 성차별에 대한 정의나 동일노동 동일임금 규정은 매우 모호하였으며 법 실행을 강제할 만한 처벌규정도 갖추어지지 않았다. 이러한 법적 미비로 인해 여연은 고평법 제정 직후인 1988년 개정운동을 벌이게 된다. 즉 1988년 7월 고평법 개정안을 제출하고 법개정 촉구대회, 서명운동, 교육활동, 선전활동 등 여론형성에 주력하였으며, 또한 '남녀고용평등법 개정을 위한 특별위원회'를 구성하였다. 이러한 운동을 바탕으로 1989년 3월 임시국회에서 고평법의 1차 개정이 이루어졌다(정강자, 1998: 51).[2]

---

2) 고평법 1차 개정의 주요 내용은 '차별'에 대한 규정(2조 2항)을 신설한 것이며, 그 내용은 다음과 같다.

(2) 정부 기구의 변화

1980년대에는 여성정책을 담당하는 정부 기구에도 상당한 변화
가 일어났다. 1970년대까지 여성관련 정부 부서는 보건사회부 산하
의 부녀국이 유일하였으며, 앞에서 지적하였듯이 부녀국의 정책은
권위주의 국가의 위로부터의 여성통제 및 동원에 초점을 맞춘 것이
었다. 1980년대 중반부터 여성정책에 남녀평등이나 차별철폐와 같
은 새로운 정책의제가 도입되는 데에는 국내적인 여성운동의 활성
화와 더불어 국제적인 여성인권운동의 성장이 큰 계기가 되었다.
1975년 세계 여성의 해를 기점으로 하여 UN을 중심으로 여성의 지
위향상과 인권에 관한 국제적 관심이 고조되었고[3], 이러한 추세에
발맞추어 1984년에는 UN여성차별철폐협약이 한국 국회에서 비준
되었다. 협약 가입에 즈음하여 1983년 한국여성개발원이 설치되었
다. 또한 여성정책심의위원회(1983), 정무장관(제2)실(1988) 등이 설
립되어 여성정책을 전담하는 정부기구가 점차 갖추어졌다.

그러나 이러한 정부기구들은 구체적인 실무조직이나 예산을 확
보하는 데 한계가 있었다. 따라서 여성정책의 구체적인 실행을 담
당하기에는 역부족이었고 여성정책 전담기구의 위상 승격이라는
상징적 차원에서 의미를 찾을 수밖에 없었다. 이러한 한계 때문에

---

① 이 법에서 '차별'이라 함은 사업주가 근로자에게 성별, 혼인 또는 가족상의
지위, 이민 등의 사유로 합리적인 이유 없이 채용 또는 근로의 조건을 달리하거
나 기타 불이익한 조치를 취하는 것을 말한다.
② 근로여성에 대한 모성보호는 이 법에서 말하는 차별로 보지 아니한다.
③ 현존하는 차별을 해소하기 위해 국가, 지방자치단체 또는 사업주가 잠정적으
로 특정 성의 근로자를 우대하는 조치를 취하는 것은 이 법에서 말하는 차별로
보지 아니한다.
3) UN수준의 국제 여성운동과 여성관련 인권협약에 관한 자세한 내용은 신혜수
(1999)를 참조.

이후 여성계는 여성정책을 전문적으로 전담하고 구체적으로 실행할 수 있는 전담기구를 지속적으로 요구하게 되었다.[4]

2. 1990년대 이후 여성정책의 확장

1) 여성정책의 법적 기초

앞에서 살펴보았듯이 여성에 개입하는 국가 정책 및 사업의 역사는 해방 직후까지 거슬러 올라갈 수 있다. 하지만 여성관련 정부 사업들은 뚜렷한 법적 근거없이 상황에 따라 한시적으로 진행되었으며 무엇보다 여성들의 정책 수요를 정확하게 파악하는 선행작업을 결여하고 있었다. 1990년 이후 가장 뚜렷한 변화는 바로 여성정책을 뒷받침하는 법률이 잇달아 제정되었다는 점이다. 체계화된 법률에 입각해 여성정책이 입안·집행되기 시작한 것이야말로 1990년대 여성정책의 가장 큰 의의라고 할 것이다.

물론 이전에도 여성관련 법률에 대한 사회적 관심이 없었던 것은 아니며, 1960년대부터 시작된 가족법 개정운동, 1987년에 남녀고용평등법 개정논의 등이 대표적인 예이다. 그러나 1990년 이후의 법률 제정은 이전과는 비교할 수 없는 포괄성과 밀도를 보여주며, 특히 여성운동단체들이 적극적으로 의제 설정을 주도하였다는 특징이 있다.

먼저 개정된 법률들을 살펴보면, 가족법(1990), 윤락행위방지법

---

4) 이러한 요구 속에서 대통령직속 여성특별위원회, 여성부가 설치되게 된다. 여성정책 전담기구에 관한 구체적 논의는 김선욱 외(1993)를 참조.

(1995), 남녀고용평등법(1995) 개정이 눈에 띈다. 여성단체들이 오랫동안 제기해온 가족법 개정은 1990년에 큰 진전을 이루었다. 가족법의 대표적 독소조항이었던 호주상속의 문제가 완화되어, 호주의 권리·의무가 대폭 축소되고 호주 상속 또한 '승계'로 바뀌었다. 가족관계에서의 남녀불평등을 개선하기 위해 친족의 범위도 부계와 모계 모두 동일하게 8촌으로 조정하였다. 또 이혼 시 여성의 재산분할청구권을 신설한 것도 여성의 재산권을 보호하는 새로운 조항으로 획기적인 변화라 할 수 있다. 1990년 개정으로 가족법의 불평등한 성격이 해소되었다고 할 수는 없지만 배타적 부계혈통주의의 완화, 여성의 가족 내 권리 신장 및 재산권 인정이라는 방향을 어느 정도 관철시킨 것이다.

1995년 국적법 개정은 국제인권기구의 지적을 수용하여 국적취득에 있어서 남녀불평등을 시정하였다. 아버지가 부모인 경우만 자녀의 국적을 한국인으로 인정하던 것을 부모 양계주의로 바꾸었으며, 한국인과 결혼한 배우자의 국적은 스스로 선택할 수 있도록 하였다.

1961년 만들어진 이후 수많은 개정요구에도 불구하고 존속되었던 윤락행위방지법이 20여년 만에 부분 개정된 것도 주목할 만한 일이다. 개정의 골자는 윤락 여성민을 처벌대상으로 하던 것을 윤락의 상대자인 남성들도 처벌하도록 강화하며, 윤락업소의 업주들의 착취행태에 대한 처벌을 강화한 것이다. 성매매 행위의 책임을 성매매 여성들에게 돌리고 여성들을 가혹하게 통제·처벌하는 반면 성매매 상대자나 업주인 남성들에게는 미온적인 법률의 문제점은 오랫동안 지적되어 왔다. 그러나 '윤락행위'라는 도덕적 개념은 성이 상품화되고 매매되는 사회적 현상을 객관적으로 파악하는 데 적절하지 못하며, 결국 이 법은 '성매매방지법'으로 대체된다.

1987년에 제정된 남녀고용평등법은 제정 직후 한 차례 개정된데 이어 1990년대에 들어서도 두 번에 걸쳐(1995년, 1999년) 개정되었다. 성별을 이유로 고용상 차별대우를 받을 수 없다는 이 법의 취지가 실제로 효과를 발휘하기 위해서는 평등과 차별의 기준 및 입증책임에 대한 세부적인 보완조치들이 필요했기 때문이다. 1995년 개정에서는 모집 및 채용에서 성별에 따른 불평등한 조건을 요구하지 못하도록 하고, 육아휴직을 남성도 사용할 수 있도록 확대하였다. 1999년 개정에서는 '간접차별', 즉 여성을 직접 차별하지 않았다 하더라도 결과적으로 현저하게 여성에게 불리할 경우 차별로 간주한다는 새로운 개념이 도입되었다. 법률적 차원에서 간접차별 개념이 도입된 것은 그 자체로 큰 의미가 있지만, 과연 실제로 간접차별 개념이 고용평등을 개선하는 실효성을 보장할 것인지는 아직도 의심스럽다. 그러므로 이것이 상징적인 차원에 그치지 않고 실제 노동시장의 현실에 적용될 수 있도록 구체적 기준과 지침을 마련해야 하는 과제가 남아있다. 아울러 직장 내 성희롱을 예방하고 피해자를 구제하는 내용의 조항들도 함께 신설되었다.

1990년 이후 제정된 법률들은 그 자체로 여성정책의 확대과정을 보여준다. 특히 1995년 여성발전기본법, 1999년 남녀차별금지법의 제정은 여성정책이 새로운 단계로 도약하는 전환점이라고 해도 과언이 아니다. 여성발전기본법은 헌법상의 평등권을 실현할 국가의 의무를 명시하고 여성정책 기본계획 수립, 여성발전기금 설치 등 여성정책의 골격을 형성하였다. 또한 평등을 달성하기 위해 오랫동안 여성을 차별해온 사회적 장벽을 고려하여 한시적으로 여성을 우

[표 2-1] 1990년대 여성관련 법의 제정 및 개정

연도	명칭	이후 개정	주요 내용
1990	가족법(개정)	· 호주제 폐지 결정(2005)	호주의 권리 · 의무 대폭 삭제, 호주 상속을 호주승계로 바꿈, 부계와 모계 모두 8촌으로 친족범위 조정, 이혼시 재산분할청구권 신설 등.
1991	영유아보육법 (제정)	· 1997년 개정	영유아보육사업의 체계화, 보육시설의 확충 촉진, 국가 및 지자체의 탁아책임 강조.
1994	성폭력범죄의처벌및피해자보호등에관한법률 (제정)	· 1997년 개정 · 1998년 개정	성폭력범죄 예방 및 피해자 보호, 13세 미만 미성년자에 대한 성폭력은 비친고죄(1997), 몰래카메라 처벌조항 신설(1998).
1995	여성발전기본법 (제정)		헌법상의 평등권 명령 실현을 위한 국가의 의무를 구체화한 행정법, 잠정적 우대조치 규정, 여성정책기본계획 수립, 여성발전기금 설치 등.
1995	윤락행위등방지법(개정)	· '성매매방지법'으로 대체	윤락행위자와 그 상대자에 대한 처벌 강화, 윤락행위 업주 등 착취 · 방조자에 대한 처벌 강화.
1995	남녀고용평등법 (2차개정)	· 1999년 3차 개정 · 2001년 전문 개정	모집 · 채용시 불평등한 조건요구 금지, 육아휴직 대상자를 근로여성의 배우자인 남성근로자로 확대(2차 개정), 간접차별 금지, 직장내 성희롱 예방 및 피해구제(3차 개정).
1998	가정폭력범죄의 처벌등에관한특례법(제정)	· 1999년 개정	가정폭력 예방과 피해자 보호에 대한 국가와 지자체의 책무규정, 가정폭력상담소와 피해자보호시설 설치, 피해아동에 대한 기관종사자의 비밀엄수 의무(1999).
1998	국적법(개정)		자녀국적은 부모양계주의, 부부국적은 선택주의를 채택.

1999	남녀차별금지및 구제에관한법률 (제정)		남녀차별의 범위를 고용차별에서 확대(교육, 용역의 제공 및 이용, 법과 정책의 집행에서의 남녀차별), 공공기관에서의 성희롱 금지, 여성특위(여성부)에 직권조사권 부여.
1999	여성기업지원에 관한법률(제정)		국가 및 지자체의 여성 기업활동 촉진을 위한 종합적 지원대책, 중소기업청에 '여성기업활동촉진위원회' 설치.
1999	국가공무원법 및 지방공무원법(개정)		육아휴직 신청시 휴직허가유무가 임의규정에서 강제규정으로 바뀜, 휴직을 이유로 한 불리한 처우 금지.

대하는 이른바 적극적 조치(affirmative action)를 할 수 있다는 법적 근거도 마련되었다.

또한 남녀차별금지법은 교육, 재화와 용역의 제공 및 이용, 법과 정책의 집행 등 사회생활의 전반에서 여성을 차별하는 행위를 금지하였으며 이를 어길 경우 정부기관에서 이를 조사하고 시정권고를 내릴 수 있도록 하였다. 또한 이 법은 성희롱 또한 성차별임을 명시하여 여성을 비하하고 경원시하던 일상적 관행과 인식에 경종을 울렸다.

여성을 대상으로 하는 폭력, 곧 성폭력과 가정폭력을 명백한 범죄로 규정하고 이의 예방 및 피해자 보호를 위한 성폭력처벌법과 가정폭력처벌법이 각각 1994년과 1998년에 제정된 것도 큰 변화이다. 1991년에는 영유아보육법이 제정되어 영유아보육사업의 체계화, 보육시설의 확충, 국가 및 지자체의 책임 등을 강조하였다. 또한 여성의 경제활동을 지원하는 여성기업지원법도 1999년에 제정되었다.

2) 여성정책 전담기구의 확장

여성 관련 법률이 여성정책의 목적과 내용을 명시하고 있다면, 이를 실제로 집행하기 위한 전담조직과 자원이 필요하다. 따라서 여성정책의 실효성을 평가함에 있어 법률의 제정 이상으로 집행력을 갖춘 전담기구의 설치 여부를 살펴보는 것이 매우 중요하다. 1990년대에는 여성정책을 담당하는 국가기구가 대폭적으로 개편되었으며, 특히 과거 여성업무를 담당한 조직이 주로 자문이나 보좌 기능에 국한되었던 것(김선욱, 1993)과 달리 집행부서로서 새로운 위상을 갖추게 되었다.

1988년 정무제2장관직이 여성담당 최고위직으로 신설되었지만 집행능력은 없었다. 1995년에는 대통령 정책자문기구인 세계화추진위원회 아래 여성정책 소위원회가 구성되어 전문가들의 자문과 검토를 거쳐 여성사회참여확대 10대 과제를 선정하였다. 여기에는 보육시설 확충, 방과후 아동지도, 학교급식 전면 실시, 여성의 공직 참여비율 목표설정, 공기업 여성고용 인센티브 도입, 모성보호 비용의 사회적 분담체계 확립, 여성발전기본법의 제정 등 향후 여성정책의 기본을 이룬 항목들이 포함되었다. 그러나 소위원회의 활동은 정책 입안의 초안을 마련하는 단계였으며 정책의 실질적인 집행까지 이르지는 못하였다.

1998년 대통령 직속 여성특별위원회는 여성정책 담당 기구의 성격에 일대 변화를 예고하였다. 여성특위는 무엇보다도 여성발전기본법에 명시된 정책들을 집행하는 기구였으며, 그 주요 기능은 첫째, 여성정책에 대한 종합적인 기획 · 조정, 둘째, 남녀차별 사례에 대한 조사 및 시정, 셋째, 여성발전기본법상의 기본시책 시행을 위

[표 2-2] 세계화추진위원회 여성소위의 여성사회참여확대를 위한 10대
         과제(1995)

정책 과제	세부 과제	주관 부처
1. 보육시설의 확충 및 내실화	· 공동육아협동조합 활성화 · 종교시설 활용방안 강구	보건복지부 보건복지부
2. 방과후 아동지도제도 도입	· 방과후 아동지도 확대(시범사업) · 방과후 아동지도 전국 실시	정무(제2)
3. 학교 급식의 전면 실시	· 학교 급식 확대	교육부
4. 여성의 공직참여비율 제고목표 설정	· 공무원 공개경쟁 채용시 여성임용 촉진방안 도입 · 공무원 양성교육기관의 여성입학 제한제도 폐지 · 각종 정부관련 위원회의 여성위원 참여 확대	총무처/재경원 내무부/건교부 정무(제2)
5. 공기업 여성고용 인센티브제도 도입	· 공기업 여성고용 인센티브제도 도입	재정경제원
6. 모성보호비용의 사회적 분담체계 확립	· 출산휴가 현금급여 공공부문 분담 방안 강구 · 고용보험의 육아휴직 장려금제도 확대	보건복지부 노동부
7. 여성인력 양성체계 확충 · 개선	· 여성인력 기술교육 강화 및 여성교육 전담부서 지정 · 여성 직업훈련 체계 내실화	교육부 노동부
8. 여성관련 정부네트워크 구축	· 여성관련 정부제트워크 구축	정무(제2)
9. 여성발전기본법 제정	· 여성발전기본법 제정	정무(제2)
10. 대중매체를 통한 성 차별의식 개선	· 각종 방송관련 위원회 여성참여비율 확대 · 대중매체의 성차별 지수 및 기준마련 · 여성문제에 대한 공익광고 제작 보급	공보처 정무(제2) 공보처

자료: 조은, 1996: 160-161.

한 제반조치, 넷째, 남녀평등 촉진 및 여성발전을 위한 정책 개발, 다섯째, 여성의 지위향상과 관련한 대통령 자문 등이었다(장성자, 1999: 5).

여성정책을 효율적으로 집행하기 위한 행정기구의 형태에 대해서는 많은 논란이 있었는데, 대통령 직속의 특별위원회 형태는 나름의 장단점을 지니고 있었다. 대통령 직속이라는 위치는 최고결정권자의 집행의지와 밀착하여 추진력을 높일 수 있다는 장점이 있었지만, 그러나 다른 한편 실질적인 정책의 집행은 다른 행정부처에 의존할 수밖에 없다는 단점도 있었다. 여성특위 위원장은 법안을 만들거나 법안의 시행여부를 감독할 수 있는 (준)입법권, (준)사법권이 없었고 실제로 정책을 집행하는 부처들을 조정할 권한이 없는 등 여성정책 전담 부서이면서도 실권이 없다는 점에서 한계가 있었다(정현백, 2001).

이러한 한계에도 불구하고 가장 주목할 만한 변화는 노동부, 법무부, 농림부, 교육부, 행정자치부, 보건복지부 등 6개 부처에 '여성정책담당관실'을 설치·지정하여 여성관련 정책의 부처간 상호 협력과 조정의 통로를 마련한 것이다. 더불어서 각 지방자치단체에도 여성정책을 전담하는 새로운 기구가 여성정책담당관과 유사한 형태로 확산되었다.

2001년 여성부가 신설됨으로써 전담기구에 대한 여성운동단체들의 오랜 요구와 노력이 상당한 성과를 거두게 되었다(정현백, 2001). 출범 당시 여성부 조직은 1실(여성정책실) 3국(차별개선국, 권익증진국, 대외협력국)으로 출발하였는데 2004년 5월에는 1실(기획관리실) 4국(여성정책국, 보육정책국, 권익증진국, 차별개선국)으로 조직이 확대되었으며, 특히 보육정책을 새로이 담당하게 됨으로써 인원

[표 2-3] 1990년대 이후 여성정책담당기구 변화

시 기	명 칭	주요 내용 및 활동	비 고
1995년 5~8월	세계화추진위원회 여성 정책소위원회 활동	여성사회참여확대 10대 과제 마련	대통령정책자 문기구
1998	대통령 직속 여성특별 위원회 설치	6개 부처에 여성정책담 당관실 설치	정무제2장관 실 폐지
2001	여성부 설치	정부 내 여성정책의 기획, 종합	여성특위 폐지
2004	여성부로 보육정책 이관	여성가족부로의 위상확립	

과 예산이 크게 확대되었다.

저출산 고령화 사회에 대비하는 정책의 중요성이 강조되면서 여성부는 2004년 5월 정부조직법 개정을 기점으로 하여 여성의 권익 증진과 남녀차별 개선에 초점을 맞추던 '양성평등 부'의 성격으로부터, 보육정책의 기획과 실무를 담당하는 '여성가족부'로 성격을 전환하고 있다. 남녀차별 및 성희롱에 대한 판정과 시정권고를 담당했던 여성부 산하의 남녀차별개선위원회는 정부조직간 기능조정에 의해 인권위원회로 이관될 예정이며 근거법률인 남녀차별금지법도 폐지하도록 결정되었다. 여성특별위원회-여성부의 신설이 한국 여성정책의 패러다임 전환(paradigm shift)을 가져왔다면, 현재 진행 중인 여성가족부로의 변화는 새로운 제2차 패러다임 전환을 불러올 것이다. 여성가족부로의 변화과정을 본격적으로 분석하는 것은 아직 시기상조이며, 여기에서는 여성부의 신설 이후 2003년까지의 변화를 주로 고찰하고자 한다.

3. 여성정책의 패러다임 전환과 그 의미 — 두 가지 요인

1990년대부터 여성정책은 양성평등을 표방하는 새로운 법률의
제정 및 기존 법률의 개정을 통해, 그리고 여성정책을 담당하는 정
부 기구들이 신설되면서 본격적으로 제도화되었다. 법과 기구의 신
설을 가능하게 만든 더 심층적인 변화는 여성정책의 패러다임 전환
이라고 할 수 있다. 1990년대는 기존의 여성정책이 방향을 전환하
는 시기이며, 방향전환의 내용은 두 가지로 나타난다. 첫째 여성관
련 국가 정책의 목표가 '양성평등'으로 제시되고 여성의 평등권과
삶의 질 향상은 그 자체로서 독자적인 가치를 인정받기 시작했다.
1980년대까지 여성의 사회참여는 여성 자신을 위한 것이기에 앞서
국가 발전이나 지역사회 활성화를 위해 필요한 것으로 이해되었으
며 정책당국은 다분히 여성을 도구적인 시각으로 바라보았다. 물론
국가정책의 '도구적 여성관'은 아직도 완전히 불식되었다고 보기는
어려우며, 예를 들어 여성고용 확대 정책은 여성의 평생평등노동권
확보보다는 저출산 고령화 사회에 대비하는 인력활용의 차원에서
필요한 정책으로 간주되는 경우가 많다. 헌법상의 양성평등권은
1990년대에 들어서야 본격적인 사회정책의 아젠다로 등장하였고
특히 여성발전기본법은 양성평등을 위해 노력해야 하는 국가와 지
방자치단체의 의무 및 역할, 그리고 양성평등을 위한 계획의 수립
을 명시하였다. 남녀평등의 구체적 내용과 정당성은 남녀고용평등
법의 개정과정, 그리고 성폭력·가정폭력·성매매·성희롱에 대한
법리 논쟁과정에서도 본격적으로 부각되었다.

둘째, 뚜렷한 목적의식을 지닌 여성운동단체가 성장함으로써 여성정책에서도 국가와 시민사회 간의 관계 및 협력 여부가 정책 결정에서 중요한 변수로 등장하였다. 정부와 여성단체의 협력관계는 그 이전에도 있었지만 대체로 관 주도의 일방적인 동원 혹은 시혜의 관계에서 벗어나지 못하였다. 그러나 1980년대 민주화 운동에 참여하면서 시민사회의 에너지를 축적한 NGO들은 1990년대부터는 본격적으로 정책 의제를 제기하고 자체적으로 법률 초안을 만드는 등 여성정책의 방향을 제시하는 데 적극적인 역할을 하였다.

이처럼 1990년대부터 한국 여성정책의 전개과정을 관통하고 있는 두 가지의 변화, 즉 젠더 계획의 도입과 국가-시민사회 관계의 변화를 아래에서 보다 구체적으로 살펴보겠다.

1) 젠더 계획(gender planning)의 도입: 양성평등 정책의 청사진

'젠더 계획'이라는 용어는 원래 개발도상국의 여성문제를 주목했던 국제기구와 관련 전문가들이 사용한 것이다. 모저(Moser, 1993)는 개발도상국에서 개발과 젠더의 연관성을 강조하며 근대화 및 산업화 과정에 여성의 참여를 높이고 동등한 기회를 보장하기 위해 젠더계획의 개념을 도입한다. 1975년 UN 세계 여성의 해를 계기로 개발도상국의 교육, 농업, 지역사회개발, 사회복지 분야에서 여성에 대한 고려가 필요하며, 특히 여성을 개발과정에서 소외시킬 경우 전체적인 개발의 효율성이 저해된다는 시각이 등장하였다. 이러한 시각을 흔히 'WID(Women in Development)'라고 부르는데, WID는 여성의 전통적인 성역할을 수용하고 이 역할을 통해 개발을 보다 효과적으로 만들고자 하며, 남성과 여성간의 불평등한 성별관계 자체를 바로잡는 데에는 그다지 관심을 두지 않는다(김경희, 2002: 22). 개발에서 여성문제를 고려하되 여성의 영역을 기존의 성별분업 체제 안에서 사고하며, 다른 사회관계나 전반적인 개발계획으로부터 고립시키는 경향이 있다.

WID 접근에 대해서는 여성을 개발의 주체가 아닌 수단 내지 도구로 간주하며 기존의 비대칭적 성별권력관계를 그대로 수용한다는 비판, 개발계획에 여성을 덧붙이는 방식으로는 여성의 현실이 개선되지 않는다는 등의 수많은 비판이 제기되었다. 여기에서 젠더 계획은 WID 접근의 한계를 넘어서려는 새로운 발상과 연결될 수 있다. 즉 개발의 총론적 목표는 그대로 두고 상위의 목표달성을 위해 필요한 여성관련 하위 조항을 만드는 식이 아니라, 상위의 정책목표와 정책 설계 전반에 젠더의 시각을 통합하고 반영하는 것이 바로 젠더 계획의 의미이다. 모저의 표현을 빌자면 '그 자체의 정당한 권리를 지니고 있는' 젠더 계획의 의미를 살리는 것이며(Moser, 1993: 18), 달리 표현하면 국제기구나 개별 정부가 추진하는 개발계획에서 '성주류화(gender mainstreaming)'[5]를 구상하고 또 추진하는 것이다.

젠더 계획의 개념은 개발에만 국한될 필요는 없으며 국가나 지방정부가 시행하는 정책 전반에 젠더의 시각에 입각한 정책 계획을

---

5) 성주류화(gender mainstreaming)는 1995년 베이징 세계여성대회에서 전세계 여성정책의 핵심 개념으로 제시된 것이며 사회의 각 분야 및 정책에서 여성들을 세력화하고 여성 관점을 주류화한다는 의미를 담고 있다. Moser의 책은 이보다 앞선 1993년에 씌어졌기 때문에 성주류화라는 용어 자체는 사용하지 않지만, '젠더 계획'의 개념은 내용적으로 개발계획의 성주류화를 주장하는 것으로 해석할 수 있다.

수립하는 의미로 확장할 수 있다. 이와 유사한 개념이 양성평등에 관한 청사진 정책(blue print policy)이다. '청사진' 정책이란 주어진 정책들을 포괄하여 담고 있는 공식적 틀(formal framework)을 의미하며 정책의 일반적 원리로 표현할 수도 있다(Mazur, 2002: 47).

청사진 정책을 실행하는 주요 수단으로는 상징적(symbolic) 헌법 조항, 물질적(material) 헌법 조항, 입법, 행정명령, 평등계획과 보고서, 그리고 정부의 집행기구 등이 있다. 상징적 헌법조항이란 여성과 남성의 형식적 평등만을 언급한 것이며, 물질적 헌법 조항이란 양성평등 정책을 실행할 수 있는 실질적인 내용을 헌법에 명기한 것을 말한다(Mazur, 2002: 48-49).

양성평등의 청사진이 반드시 여성운동의 요구에 의해 수립되는 것은 아니며 국가마다 강조점이나 형성과정에 차이가 있다. [표 2-4]에서 보듯이 1963년 미국을 최초로 하여 대다수 국가에서 평등 계획 및 보고서를 발표하고 있으며 또한 이탈리아를 제외한 대다수 국가에서 여성정책 전담기구를 설치하였다. 각 국가의 입법과 평등계획/보고서의 존재는 청사진 정책의 입안에 해당하며, 담당기구는 청사진 정책의 '집행'을 담당한다. 결국 여성정책의 청사진은 별도의 법률이 존재하는가 여부가 중요한 것이 아니라 입안과 집행이 짜임새 있게 실질적으로 진행되고 있는지 여부가 관건이라고 할 수 있다.

양성 평등의 청사진을 실행하기 위해서는 법률적인 원칙의 천명도 중요하지만, 실제로 사회 각 분야에 걸쳐있는 문제를 해결하기 위해 다양한 정부기구간의 협력, 더 나아가 정부와 시민사회의 협력이 긴요하기 때문에 정부수준의 행동계획을 세부적으로 제시하는 것이 오늘날 여성정책의 전형적인 틀이다. '뉴질랜드 여성을 위한 행동계획'(Action Plan for the New Zealand Women, 2004), '여성

[표 2-4] 청사진 정책 수단의 범위와 최초 도입 시기

	평등계획/ 보고서 (Equality plans/reports)	담당기구 (Machineries)
이탈리아	1986	
아일랜드	1972	1972
스페인	1991	1983
노르웨이	1990	1972
프랑스	1975	1975
미국	1963	1960
영국	1998	1997
캐나다	1970	1968
호주		1973

자료: Mazur, 2002: 48.

과 남성의 평등기회 향상을 위한 독일 연방정부 프로그램'(Progra-mmes of the Federal Government for Improving the Equal Opportu-nities of Women and Men, 2004), '양성평등을 위한 스웨덴 정부의 국가행동계획'(The Swedish Government's National Action Plan for Gender Equality, 2004), '유럽연합의 양성평등 기본전략'(Commu-nity Framework Strategy on Gender Equality 2001~2005)의 사례처럼 각국 정부는 양성평등 정책의 청사진을 정부주도의 행동계획이라는 형태로 발표하고 있다(여성부, 2004).

한국의 경우 이미 제헌헌법에 성별에 의해 차별을 받지 아니한다는 남녀평등 조항이 포함되었지만 실질적으로는 효력을 갖지 못하였다. 개별 법률로서 남녀평등을 목표로 명시한 것은 1987년 만들어진 남녀고용평등법이 최초이지만, 앞에서 지적했듯이 입법 당시 남녀고용평등법의 조항에는 고용차별이나 양성평등의 개념이 명확하게 규정되지 못하였다. 본격적인 여성정책 청사진의 필요성은 여성발전기본법(1995)에 뚜렷하게 나타나며, 이 법에 의거해 정부는

1998년부터 여성발전기본계획을 수립하여 시행하고 있다.

1차 여성발전 기본계획은 '건강한 가정의 구현과 국가 및 사회발전에 남녀가 공동으로 참여하고 책임을 분담하는 사회시스템 구축'을 기본목표로 하고 남녀평등 촉진, 여성의 사회참여 확대, 여성의 복지 증진을 하위 목표로 설정하였다. 1차 계획은 건강가정, 공동참여 및 공동책임이라는 온건한 표현을 사용함으로써 기존의 성별세력관계를 변화시키는 내용을 강조하지 않았는데, 2차 기본계획은 '실질적 남녀평등사회의 구현'을 표방함으로써 상징적 변화를 넘어서는 실질적 성과를 지향하고 있다. 남녀 동반자 관계, 여성 경쟁력 강화, 여성대표성 제고, 여성인권 보호 등을 강조하여 여성정책의 목표가 좀더 구체적인 개념으로 정립되었다고 평가할 만하다. 1차 계획에 비해 여성의 대표성 제고, 가족정책, 여성인권 문제 등의 중요성이 더 부각되고 있다.

그런데 한국의 여성정책 기본계획을 다른 나라의 양성평등 행동전략과 비교해 볼 때 가장 뚜렷한 차이점은 여성고용 문제의 비중이 상대적으로 약하고 특히 여성의 경제적 자립과 임금격차의 축소, 동일가치노동 동일임금 등이 거의 쟁점화 되지 않는다는 사실이다. 서구의 양성평등 청사진 정책에서 역사적으로 가장 먼저 제기되고 또 가장 강조된 것이 여성고용 문제였으며(Mazur, 2002), 최근 발표된 뉴질랜드, 독일, 영국, 스웨덴의 양성평등 행동전략이나 정책 프로그램에서도 여성의 경제적 자립 보장, 임금차별 해소 등은 핵심 쟁점이다. 그에 비해 한국의 기본계획은 양성 고용평등을 포함하고 있긴 하지만 임금차별 등이 부각되기보다는 여성의 경쟁력 강화 및 여성인적자원의 육성, 가정과 직장의 양립 등을 보다 강조한다.6)

[표 2-5] 제1차 및 2차 여성정책기본계획(1998~2002)의 정책 과제

1차 여성정책 기본계획(1998~ 2002) 6대 기본전략	2차 여성정책 기본계획 (2003~ 2007) 10대 핵심정책과제
1. 법·제도 및 관행의 개혁과 여성의 대표성 제고	·정책에 양성평등 관점 통합 ·정책결정과정에 여성의 대표성 제고
2. 여성고용의 촉진 및 안정을 위한 지원강화	·남녀고용평등과 여성의 경제활동 참여 제고
3. 여성 경쟁력 제고를 위한 교육 체제 확립	·여성 인적자원의 개발과 활용
4. 다양한 여성·가정 복지서비스의 확충	·여성의 건강과 복지향상 ·양성평등한 가족정책 기반조성
	·여성에 대한 폭력예방 및 인권보호 강화
5. 여성의 문화·사회활동 활성화를 위한 기반구축	·사회·문화 분야 여성참여 확대 ·평등문화 및 의식의 확산
6. 국제협력과 통일에의 여성역할 증대	·평화·통일·국제협력에서의 여성의 기여확대

청사진 정책의 내용은 여성의 사회참여와 경제활동 증대, 보육정
책의 확대 등 앞으로의 사회변화 추이에 따라 달라질 것이다. 정책
의 세부 내용에 대한 평가와는 별도로 청사진이 도입되었다는 것
자체는 큰 의미를 가지고 있다. 젠더 계획이 도입됨으로써 여성정

---

6) 2차 기본계획에서 '남녀고용평등과 여성의 경제활동 참여제고'의 세부과제로는,
4-1. 고용상 기회균등과 남녀차별 개선, 4-2. 모성보호 및 직장과 가정생활의 양
립 지원, 4-3. 여성의 직업능력개발 및 고용촉진, 4-4. 남녀고용평등 의식의 확
산, 4-5. 비정규직 여성근로자 등의 근로조건 보호와 능력개발, 4-6. 보육서비스
의 강화 등 6가지가 포함되어 있다. 또한 4-1의 세부항목에는 동일가치노동 동일
임금, 간접차별 개념, 고용평등 계획과 각종 인센티브 제도들이 포함되어 있다.
그러나 임금격차의 실태, 그리고 향후 어느 정도의 차별 개선을 목표로 할 것인
지 등을 구체적으로 제시하지 않음으로써 정책목표가 매우 추상적인 수준에 머
물러 있다.

책의 과거 식의 '잔여적 정책' 혹은 '주변적 정책'의 위치로부터 어느 정도 벗어날 수 있기 때문이다. 1980년대 까지 정책대상으로 인지되는 집단은 이른바 '요보호 여성'이며 요보호 대상자를 최소화하는 것 자체가 정책의 목표이다. 국가정책의 지원을 필요로 하는 여성이란 이른바 '건강가정'의 울타리를 넘어선 부끄러운 존재로 전제되며, 이런 정책이 여성의 권리에 대한 긍정적 인식과 결합되기란 불가능하다. 이와 달리 청사진 정책은 마땅히 보호되고 인정받아야 할 여성의 권리를 보장하고 장구한 세월에 걸쳐 축적된 차별의 장벽 앞에 서 있는 여성들을 지원하는 정책으로써, 여성정책과 적극적인 여성의 권리 개념을 결합하는 총체적 패러다임을 제시한다.

물론 청사진의 제시만으로 현실의 비대칭적 젠더관계가 바뀌는 것은 아니지만, 공공성을 지향하는 정책은 시장이나 가족 안에 남아있는 성별 불평등에 개입할 수 있는 효과적인 수단이다. 각국의 청사진 정책은 조약이나 국제기구에서 제시하는 양성평등의 글로벌 스탠다드(global standard)로부터 큰 영향을 받았으며, 한국의 여성정책이 정립하는 데에는 1995년 베이징 세계여성대회가 중요한 계기였다.

2) 여성운동의 성장과 정책 가버넌스의 변화

1970년대 말까지 여성운동이 정부의 우산 아래 있는 순응적 관변 조직과 소수의 저항적 지식인 모임으로 양분화 되어 있었다면, 1980년대의 여성활동가들은 사회 전반으로 확산된 민주화운동에 적극 참여하였다. 1987년 남녀고용평등법이 제정되자 여성단체들

은 법안의 문제점을 지적하고 개정운동을 전개하였으며, 이후 1990
년대의 여성단체 활동에서 정책토론과 대안개발은 중심 영역으로
부각되었다.

특히 1994년 성폭력특별법의 제정과정은 여성단체들의 적극적인
이슈 제기와 압력단체 활동이 법 제정으로 이어진 대표적 성공 사
례이다. 한국여성단체연합 산하에는 '성폭력특별법제정추진특별위
원회'가 1992년 3월 결성되어 같은 해 7월에는 '성폭력 대책에 관
한 특별법(안)'을 국회에 제출하고 1993년에도 여러 차례 시위, 공
청회, 문화제 등을 개최하는 활발한 활동을 벌였다(민경자, 1999:
55-60). 여성단체는 여론을 환기하는 활동 외에도 외국의 정책사례
를 직접 수집하고 법률안 초안을 제시하는 능동적인 역량을 보여주
었다.

1990년대의 여성운동이 정책과 관련된 활동에 중점을 두게 된
데에는 몇 가지 배경이 있다. 첫째, 여성의 대표성이 제대로 보장되
지 않는 정책 환경의 특성 때문에 여성단체의 활동 범위가 확대되
었다. 다시 말해 여성의 이익을 대변해줄 세력이 국회나 정당 등
제도정치권 안에 부재한 상황에서 여성운동은 밖으로부터 정당이
나 의회를 향해 여성문제의 중요성을 제기할 수밖에 없었다. 또한
국가 관료조직 내부에도 여성문제에 전문성을 갖춘 인재가 부족하
였고, 따라서 사회 변화에 따라 요청되는 새로운 여성정책의 입안
과 방향제시를 상당부분 여성단체 활동가가 담당해야 하였다. 특히
문민정부 및 국민의 정부가 과거 정권에 비해 여성문제에 많은 관
심을 보이고 또 여성의 권익 향상을 민주화의 중요한 지표로 인식
하게 됨으로써 여성단체의 정책 활동은 상승기류를 만날 수 있었던
것이다.

둘째, 1980년대에 확장된 사회운동의 흐름이 점차 이념지향적 저항운동에서 개혁지향적 시민운동으로 전환함에 따라 여성운동 또한 시민운동의 운동전략 및 노하우(know-how)를 공유하게 되었다. 대중적 관심을 끌 수 있는 쟁점을 발굴하고 언론을 통해 이슈화함으로써 정부의 대응을 이끌어 내는 시민운동의 방식은 정책 활동 및 입법 요구에 가장 적합하였다. 여성운동 또한 이러한 흐름을 공유하였고 법개정 운동의 비중이 더욱 확대되었던 것이다.

셋째, 환경적 요인과 더불어 여성운동의 전략적 선택도 간과할 수 없는 요인이다. 여성운동단체들은 민주화를 표방하는 정권에 대해 양성평등 정책을 강력하게 요구하였고 또 이를 수용하는 국가페미니즘적 조치들에 적극적으로 개입하였다. 정책활동은 여성운동의 기반을 확보하고 사회적 영향력을 확대하는 지름길이었으며 더 나아가 여성운동 출신의 인사들이 의회 및 관료제로 진출하는 효과도 있었다. 여성운동은 활발한 정책 활동을 통해 정부와 일상적인 상호관계의 통로를 확보함으로써, 정부와는 직접 접촉하고 대중과는 주로 언론을 통해 간접 접촉하는 방식의 활동을 해왔다고 볼 수 있다.

여성운동단체의 활동은 정부 정책에 대한 모니터링과 비판, 대안제시 등에서 출발하였고 점차 그 범위가 확대되어 왔다. 여성단체들은 첫째, 심각한 사회문제를 공론화하는 캠페인을 통하여 여성정책의 의제를 설정하고, 둘째, 시위와 같은 직접행동과 대안제시 및 입법자문 등으로 정책 결정과정에 참여하며, 셋째, 교육 및 상담기관을 운영하면서 정책을 집행하고, 넷째, 정책을 평가하는 기능까지 폭넓은 활동을 하고 있다(주성수, 2003: 313-318).

1990년대에는 많은 여성단체들이 사단법인으로 등록하는 비율이 높아졌다(오장미경, 2005: 7). 예산을 확보하고 조직을 유지하기 위해 여성단체들은 점차 정부예산으로 프로젝트를 수행하게 되었으며 나아가 정부 위탁사업을 대행하는 양상으로 확대되었다. 여성단체에 대한 정부의 재정지원은 1995년 90개 단체 165개 사업에 20억, 1996년 137개 단체 210개 사업에 23억, 97년 160개 단체 247개 사업에 26억으로 계속 늘어났다(김현정, 2000: 78). 여성부 설립 이후 단체에 대한 정부예산 지원은 더욱 확대되었다. 여성부는 매년 여성단체와의 공동협력사업의 명목으로 20억 원의 예산을 책정하고 있으며 인력개발센터, 성폭력 가정폭력 상담소, 성매매 상담센터 및 선도보호시설 등의 운영을 민간에 맡기고 운영비를 지원하고 있다.[7] 열악한 조건에서 여성운동에 헌신하였던 단체들이 이제 조직 재생산을 위한 물적 기반을 국가예산에 상당부분 의존하게 되었고, 운영비를 따내기 위해 여성단체 간에 경쟁하는 상황도 종종 벌어졌다. 더 나아가 여성단체 간부들이 정부 고위직으로 임명되고 17대 총선에서 여당 의원으로 대거 출마하였는데, 이러한 현상을 놓고 여성운동의 제도화 및 그 영향에 대한 엇갈린 평가들이 제기되고 있다.

국가의 재정지원에 대한 여성단체의 높은 의존도가 현실적으로 여성단체의 활동을 제약할 가능성을 갖고 있기 때문이다. 또한 정부 재정지원을 둘러싼 여성단체간의 경쟁은 그동안의 연대의 경험과 네트워

[7] 여성부가 민간 여성단체가 운영하는 상담소 등 시설을 지원하는 예산규모는 계속 늘어나고 있다. 2004년 예산을 보면 가정폭력·성폭력 상담소 운영비 지원이 133개소 31억 6600만원, 성매매 관련 시설(선도보호시설, 쉼터, 자활기관, 현장 상담센터 등)이 44개소 26억 5300만원에 이른다(여성부, 2004년 일반회계 예산 개요). 전부는 아니라 하더라도 다수의 시설을 여성단체에서 운영하고 있고 따라서 정부 지원이 여성단체의 조직 운영에 상당한 비중을 차지하는 것은 분명하다.

크의 틀을 손상시킬 위험을 발생시키고 있다.……국가에 대한 여성운
동의 영향력이 증대되고 여성운동의 요구를 공적인 영역으로 수용시
켜 정책화시켜왔으나, 그것이 확대될수록 타협의 가능성 역시 높아지
고 그것이 진정 여성대중을 위한 것인가 하는 비판에 직면하고 있다.
(김현정, 2000: 101-102)

현재까지 여성운동의 제도화는 정치적 기회구조의 측면이나 제도화
수준에서 볼 때 운동이 제도에 포섭되기보다는 제도 내에서 운동을 확
장시키고 강화시키는 작용을 하였으며, 또한 운동의 자율성을 상실하
지 않고 여성운동의 목표를 달성하는 효과를 가져왔으므로 결과적으
로……긍정적이었다고 평가할 수 있다.(오장미경, 2005)

여성운동단체의 대표가……정치에 진출하는 경우 여성운동에 미치는
영향은 긍정적인 측면보다 부정적인 측면이 더 큰 것으로 나타난다.
……첫째, 여성운동의 비판기능과 권력감시 기능이 현저히 떨어진다는
것, 둘째 운동단체의 조직력과 활동력이 약화된다는 것, 그리고 운동의
순수성을 의심 받아 여성계에서 주장하는 바의 정당성과 설득력이 약
화된다는 것이다.(조순경, 2004)

이러한 논의에서 쟁점화된 것은 여성단체의 정책참여가 결과적
으로 여성정책의 확대에 기여하였는가, 아니면 여성운동의 비판기
능을 약화시키고 일부 여성단체가 '권력화'되는 방향으로 귀결되었
는가의 문제이다. 그러나 여기에서 '순수인가 아니면 포섭/제도화
인가'라는 식의 이분법을 넘어서는 더 큰 맥락을 주목해야 한다. 시
민운동의 정책 참여는 한국 여성운동뿐 아니라 일반적으로 현대사
회에서 그 영향력이 확대되고 있는 NGO들이 공통적으로 직면하고
있는 문제이기 때문이다.

오늘날 국가 정책의 범위는 과거의 공/사 분리를 넘어서서 지속
적으로 확장되고 있으며, 또 20세기 복지국가와는 달리 시민들의

다양한 필요에 부응하는 대인 서비스정책을 국가가 직접 운영하기보다는 민간 정책 파트너를 적극 활용하는 추세이다. NGO의 정책참여는 운동단체의 성격변화 못지않게 분권적 거버넌스의 확대라는 국가의 성격 변화와도 연관되며 '제3섹터'의 확대 또한 이미 서구 각국에서 널리 나타난 현상이다. 앞으로 여성과 관련된 사회정책에서 민간 정책 파트너의 활동 범위는 더욱 확대될 것이 분명하고 또한 여성단체가 여성의 삶의 질 향상에 기여할 수 있는 정책전달자 역할을 거부할 필연적 이유가 있는 것도 아니다. 그런 의미에서 이제 여성운동의 제도화는 과거 권위주의 시대 여성운동의 온건하고 친정부적인 활동과는 분명히 차별성을 갖고 있다.

요컨대 정책에 참여할 것인가 여부 그 자체보다 더 중요한 것은 NGO의 정책 활동의 형식 및 내용이 공공성과 투명성을 담보할 수 있는가의 문제이다. 즉 단체 내부의 민주적 절차를 보장하고 관심 있는 시민들이 누구나 참여할 수 있는 개방성, 투명한 예산집행, 참신한 활동방향을 제시할 수 있는 역량강화가 관건이다. 여성운동이 제도화되는 것 자체가 운동의 비판적 기능을 훼손한다기보다는, 제도화의 내용과 형식에서 높은 수준의 공공성과 투명성을 유지할 수 있는가가 문제이며 이를 위해 여성단체 스스로의 엄격한 자기성찰이 필요하다. 그렇지 못할 경우 여성운동의 정책참여와 활동가의 고위공직 진출은 특정 여성(단체)을 호선(co-optation)함으로써 정책의 성차별적 성격을 은폐하고 현존 질서를 유지하려는 국가의 가부장적 이익에 영합하는 것에 지나지 않으며 또한 전체 여성운동이 아닌 자기 단체 혹은 개인의 이익을 추구하는 행위일 뿐이다.

또한 다른 시민운동에 비해 여성운동의 인적 물적 자원은 열악하며 따라서 여성활동가들이 공직으로 진출하는 것이 조직력에 공백을 가져올 수 있다. 한국과 유사하게 권위주의 체제로부터의 민주화 과정에서 여성정책 담당기구가 설치된 칠레에서도 이러한 현상이 나타났다. 칠레 여성국(SERNAM, Servicio Nacional de la Mujer)을 분석한 웨일렌(Waylen, 1996)은 민주화 운동에 동참하면서 성장한 여성운동의 역량을 배경으로 여성국이 설립될 수 있었으나 여성운동가들이 정부로 옮겨감으로써 운동단체의 조직이 약화되었다고 본다. 이들의 관계는 매우 복합적인데, 여성운동의 영향력이 약해지면 여성국도 약화되지만 다른 한편 여성국의 존재가 여성운동을 잠식하는 측면이 있었던 것이다.

이런 문제는 여성운동의 자원이 협소하고 또 한정되어 있기 때문에 나타나는 것이다. 이러한 제약을 넘어서기 위해서는 결국 여성운동의 저변 확대, 그리고 세력화 과정에서 여성운동 중심세력 내지 엘리트 집단과 여성 대중간의 격차가 좁혀져야 한다. 예를 들면 노동자, 주부 출신의 여성이 활동가에서 정책 전문가로, 또 공직자로 성장하는 사례가 늘어나는 것이 바람직하다.

4. 결론

1990년대는 한국 여성정책의 패러다임 전환기였다. 1946년 미군정의 부녀국 설립으로부터 시작되어 한국전쟁과 구호사업, 개발국가의 부녀행정에 이르는 여성관련 정책의 전개과정을 역사적으로 고찰해 볼 때 1990년대의 의미는 더욱 뚜렷하게 부각된다. 이른바 정상가족에서 떨어져 나온 요보호 여성들만을 대상으로 하는 주변적이고 잔여적인 정책이 헌법에 보장된 여성들의 평등권을 보장하기 위한 보다 적극적이고 독자적인 정책으로 그 위상이 바뀌었다. 이러한 변화의 근저에는 정치·사회적 민주화, 국제적인 양성평등 기준의 도입, 여성들의 취업과 사회참여 증대, 여성운동의 활성화와 가치관의 변화 등 다양한 배경이 작용하였지만, 여성정책 내부로 범위를 좁혀본다면 이 글에서 고찰했던 젠더계획의 도입과 여성운동의 정책 참여가 가장 주목할 만한 요인이다.

젠더계획, 다시 말해 양성평등 정책의 청사진을 제시하는 정책은 1995년 여성발전기본법에 의해 제도화되었으며 중앙정부뿐 아니라 지방정부, 그 밖의 다양한 정책 영역에서 양성평등을 지향하는 포괄적 정책방향을 제시하는 변화가 일어났다. 젠더계획이 수립됨으로써 여성정책은 과거의 주변적, 한시적이고 임기응변적인 성격에서 벗어나 정책 목표와 세부과제를 명시하고 주기적으로 평가하는 체계를 갖추게 되었다.

또한 여성운동의 정책 참여는 추상적인 목표를 나열하는 명목적 정책으로부터 보다 실질적으로 제도를 바꾸고 자원을 배분하는 정책으로의 변화를 이끌어 내었다. 여성단체는 새로운 정책의제를 설정하고 또 의사결정에 영향력을 행사하였을 뿐 아니라 정책을 집행하는 데 직접 참여함으로써 정부가 배분하는 자원의 수혜자가 되기도 했다.

여성정책의 환경은 급속하게 변화하고 있으며 정책의 패러다임 변화는 한 번으로 끝나는 것이 아니라 지속적인 도전과 응전을 요구한다. 젠더계획은 이제 포괄적 청사진을 제시하였다는 상징적 의미를 넘어서서 여성문제와 연관된 다른 정책영역, 즉 고용, 복지, 산업정책을 실질적으로 변화시키고 성별 권력관계의 비대칭을 해소할 수 있을 것인지를 가리는 시험대 위에 서있다. 저출산 고령화의 급속한 진행으로 여성부의 기능은 차별시정과 여성인권보호에서 보육정책의 집행으로 중심이동을 하고 있으며, 따라서 여러 부서를 아우르는 종합적 청사진의 틀 짜기 및 조정역할이 상대적으로 약화될 우려도 크다.

또한 정책의 입안과 집행에 깊숙이 개입해온 여성 NGO들은 공동체적 헌신과 동지애의 차원을 넘어서서 정책의 민간파트너로서 공공성과 투명성, 개방성이라는 보다 엄격한 윤리적 기준에 부응해야 한다. 1990년대에 한국 여성정책이 양성평등과 여성인권이라는 독자적인 정책 영역을 확보하는 데 성공하였다면, 앞으로는 상징적 차원을 넘어서는 실질적인 자원 배분, 즉 임금차별을 포함한 고용차별, 복지혜택에서의 성별 차등을 해소하는 문제, 그리고 국회뿐 아니라 지방정치와 노동조합, 기업 영역에서 실질적으로 여성대표성을 확보해야 하는 보다 어려운 과제를 눈앞에 두고 있다.

3

1990년대 이후 가족정책
—가족법 개정과 모성보호정책을 중심으로

양 현 아

1. 가족정책의 개념과 연구범위

1) 가족정책의 개념

본 연구에서는 가족법과 모성보호정책을 통하여 1990년대의 한
국의 가족정책의 방향과 성격을 분석하고자 한다. 이를 위해 먼저
가족정책이 무엇인지 정의할 필요가 있다. 하지만 가족정책을 명확
하게 규정하는 것은 그리 용이한 일이 아니다. 가족정책이란 정부
가 가족에게 가족을 위해서 하는 모든 것이라고 할 수 있는데, 여기

에는 명시적 가족정책과 명시되어 있지는 않지만 가족에게 영향을 미치는 잠재적인 가족정책이 포함된다(Kamerman & Kahn, 1978). 따라서 가족정책에는 가족법, 여성정책과 인구정책, 모성 관련 복지제도, 보육제도, 가족상담, 소득유지정책뿐 아니라 교육, 고용, 주택과 건강정책까지 포함될 것이다(Harding, 1996: 202-204; 박민자, 1995). 달리 표현하면, 가족정책이란 가족과 관련시켜서 정책을 바라보는 하나의 '관점'인 동시에 가족과 연관된 수많은 상이한 '프로그램들'을 포함하고 있는 영역이라고 할 수 있다(Kamerman & Kahn, 1978; Zimmerman, 1992).

이러한 견지에서 본 연구에서는 가족정책을 다음과 같이 이해한다. 첫째, 정책 내용에 대해서는, 개인으로서의 여성이 아니라 가족원으로서의 여성의 지위 및 역할에 중요한 영향을 미친다고 판단되는 정책들을 포함시키고자 한다. 이는 흔히 가족정책으로 분류되지 않는 정책이라고 할지라도 가족 안에서의 여성에 미치는 효과가 크다는 점에서 '가족정책'으로서 이해된다는 것을 의미한다. 둘째, 시간 범위에 대해서는, 이미 확정된 정책뿐 아니라 현재 형성 중인 제안 및 계획이 포함된다. 이 글에서 가족법 개정안을 다루는 것은 이러한 그것이 앞으로의 가족정책의 정책적·법적 방향을 보여줄 수 있기 때문이다. 셋째, 정책입안주체로는 입법(국회), 행정(중앙정부 및 지방자치단체의 가족정책 관계부처)과 같은 국가기관이 중심적이다. 동시에 본 연구에서는 형성 중인 정책과제 혹은 미래의 정책 전망을 다루는 바, 여성운동을 포함한 시민운동 역시 정책 입안의 주요 주체로 이해한다.

그렇다면 왜 본 연구에서 굳이 가족법과 모성보호정책에 초점을 맞추는가. 이러한 선별은 해당 시기 우리사회에서 심각하게 논의된

[표 3-1] 1990년대의 가족정책 의제 (주체/시기별)

	국회 여성특위	국회정기회의	국회법사위	한국여성연합
1990				모성보호 탁아입법
1991		여성문제전담기구 가족법 개정 후속조치		
1992				
1993				고용안정 모성보호
1994		여성인력활용 여성고용		모성보호 육아휴직
1995		성비불균형		복지예산 모성보호
1996				
1997	영유아보육 법안	혼인특례법 육아휴직제도	국적법 개정 심의	성비불균형 부모성 함께 쓰기 동성동본/국민연금
1998	민법개정안	여성과 국민연금제도 국적법 개정		실직여성가장 복지사업 모자/유아교육
1999	모성보호 법안	영유아보육제도	민법중 개정 법률안 심의	호주제폐지 실직여성 영유아보육 여성/가족 복지

가족정책 의제 중에 가장 중요한 분야라는 판단 때문이다.

1990년대를 통해서 가족정책 아젠다를 형성하고 정책을 구체화
한 정책 주체를 살펴보면, 국회(본회의, 여성특위, 법제사법위원회)
와 여성운동이라고 할 수 있다. 해당 주체들에게서 발의되고 심의
된 가족정책 관련 의제를 [표 3-1]에 작성해 보았다.[1]

---

1) 이를 위해 분석한 자료는 다음과 같다: 국회 속기록(정기국회); 관련 상임위원회

이 표는 해당 연도에 빈번하게 또 중요하게 제기된 의제를 분류한 것이다. 이 표는 어떤 의제가 해당 연도뿐 아니라 대부분 연속적으로 제기되었음을 반영하여 작성되었다.

[표 3-1]에서 1990년대 가족 정책을 특징짓는 몇 가지 경향을 발견할 수 있다.

첫째, 모성보호 및 영유아 보육과 관련된 의제는 1990년대를 통하여 여성운동에 의해 꾸준히 제기되어 왔다는 점에서 해당 의제는 1990년대 가족정책에서 일종의 상설 의제라고 할 수 있다. 영유아 보육법의 제정과 개정, 국제구제금융 조치 그리고 국민연금제도의 마련이라는 1990년대의 법제도 변화에 상응하는 현상이면서 동시에 기혼 여성의 경제활동 증가를 위한 필요대책으로 강력히 제시되었다. 이러한 노력의 결실이 2001년 정비된 '모성보호정책'이라고 하겠다.

둘째, 1989년 제3차 가족법 개정은 한국가족법의 대변혁을 가져왔다. 특히 이혼, 재산상속에 있어서 여성의 지위가 상당히 성평등한 방향으로 개혁되었다. 이와 관련하여, 1990년대 초부터 새롭게 정비된 부부간 재산 분할, 증여, 상속 등에 있어서의 세금제도 개혁에 대한 논의가 있었고 법제도가 마련되었다.

1990년대 후반에 와서는 동성동본불혼제도 및 호주제도 개혁과 같은 신분법(민법 제4편) 관련 의제가 활발하게 제기되었다. 사실상, 이러한 의제는 제3차 개정가족법에서 못 다한 과제 내지 한국가족법 운동에 있어서 미진한 과제를 계승하고 있다. 이 같은 과제가 1990년대 후반에 와서야 여성단체 및 시민단체 등 대중적 기반

속기록(법제사법위원회); 국회 여성특별위원회(이하 여성특위) 자료집(1994-1999); 여성단체 연합(이하 여연)의 총회자료집(1989-1999).

을 가지고 의제화 되었다는 점은 매우 흥미로운 사회현상이다.

이에 따라 가족법의 개정법안이 마련되었고 관련 소송이 제기되었다. 1998년에 국회의원 발의로 제4차 가족법개정안이 국회에 제출되었으나, 회기 만료와 함께 자동 폐기되었고, 2003년 후반기에 호주제 폐지를 골자로 하는 법무부 민법개정안이 마련되었고 이 안이 제4차 가족법개정내용을 통합하여 2005년 3월 호주제 폐지를 골자로 하는 민법개정안이 국회를 통과하였다. 또한 2000년에 제기된 호주제 관련 법조문에 대한 위헌법률심사 결과 2005년 2월 헌법재판소는 헌법불합치 결정을 내렸다.2) 이렇게 한국가족법 전반에 있어 심대한 영향을 미쳐 온 가족법 개정운동은 2005년 3월에 큰 획을 그었다고 할 수 있다.

셋째, 가족정책 의제의 담론 주체간 관련성을 살펴보면, 특정 시기에 국회와 여성운동계가 비슷한 정책 의제를 공유하였다는 점을 알 수 있다. 특히 여성운동계에서 제기된 의제가 뒤이어 국회 및 여성특위에서 제안되는 경향을 발견할 수 있다. 이는 1990년대를 통해 적어도 가족 정책에 있어서는 관련 주체 간에 밀접한 상호작용이 있었다는 것을 나타내며, 크게 보면, 여성정책형성에 있어서 이 시기 여성운동의 일정한 주도권을 시사한다. 이것은 정책에 있어서 젠더주류화(gender mainstreaming)라는 국제적 추세, 국내의 정치사회적 환경 변화에 따른 여성운동 및 시민운동의 활성화, 여성전담 정책기관의 확대 등과 같은 1990년대 상황에 상응하는 현상이

---

2) 흔히 '호주제 위헌소송'이라고 일컬어지는 사건 자체는 구청의 호적상 처분의 다툼을 그 시발점으로 한다. 해당 당사자들은 호적상 무호주(無戶主) 요청하거나, 이혼여성이 호주로 있는 호적에 자녀동적을 요청했지만, 해당 구청이 민법상 법률(호주제에 포함)을 근거로 이를 거부하자 이러한 결정에 불복하고 원고들은 위헌심판제청을 신청하였다. 이에 해당법원은 본 소송의 전제가 되는 민법 제778조, 781조 본문 후단, 836조 3항의 위헌심판을 헌법재판소에 제청하였다.

라고 이해할 수 있다. 이러한 여성운동의 주도권은 2000년의 여성부 신설, 지방자치단체의 여성정책관련부서 마련 등 여성정책 전담기구의 제도화로 이어졌다고 평가한다.

이상과 같이 볼 때, 1990년대 한국의 가족관련 정책의 연구대상은 크게 가부장적 가족제도 개혁의제와 가족에 대한 복지 의제로 분류할 수 있다고 생각한다. 한편으로는 가족내부적인 성별 분균형의 시정이라는 방향이며, 다른 한편으로는 사회와 공적 기구가 가족내의 대표적 보살핌 노동(care work)을 분담하고자 하는 복지정책의 방향이라고 하겠다. 본 연구에서는 여성의 가족내 지위 및 역할에 관해서 이 두 방향이 중심적이라고 판단하여 두 영역에 초점을 맞추기로 한다. 특히 가족제도 분야에서는 가족법 개정이라는 의제를 중심으로, 가족복지 분야에서는 모성보호 입법과 정책을 중심으로 살펴보고자 한다.

2) 연구범위 및 방법

본 연구는 현재 국회에 제출된 가족법 개정안의 주요 내용을 현행 가족법과 현재의 한국가족의 변화에 비추어 검토할 것이다. 이렇게 가족 현실, 현행 정책(법제도), 대안적 정책이라는 세 축을 통하여 한국의 가족정책을 고찰하고자 한다. 가족법 개정과 관련된 주요 문제사항은 호주제도, 자녀의 성과 본, 이혼 등을 중심으로 할 것인데, 이들 세 영역이 이제까지 여성주의자들의 가족법 개정 요청에 있어 가장 두드러지는 문제영역이라고 할 수 있다. 또한 한국가족의 진단과 평가에 있어 여성주의를 그 중심적 관점으로 하는데, 이 때 여성주의적 관점이란 여성의 위치를 중심으로 한 정치적 전망이라고 할 수 있다. 하지만 이 관점은 단지 '여성'만을 정책의 관심대상으로 하는 것이 아니라, 남성과 여성을 아우르는 젠더적 전망에서 대안을 모색하는 제도 개발의 과제를 짊어지게 된다.

그렇다면 여성정책에 있어 젠더 전망이란 어떤 것인가. 그것은 남녀차별과 여성의 억압을 떨쳐 버리고 보다 긍정적으로 성별 정체성을 구현할 수 있도록 하는 국가의 정책과 제도 마련이라고 하겠다. 이를 통해 한 사회의 정의(正義)와 복지 수준을 향상시키고자 하는 것이다.

다른 한편, 가족정책 평가 및 수립의 방법은, 가족 정책이 적용되고 효과를 거두어야 할 사회현실 속에서 찾아진다. 본 연구에서는 가족의 '현실'에 대한 하나의 지표로서 주택 및 인구 조사에서 나타난 가구통계를 사용할 것이다. 물론 이러한 통계결과가 곧바로 가족의 '현실'이라는 것을 의미하지는 않지만 제도로서 규정된 가족을 가지고 가족을 일컫는 동어반복을 피하게 하는 데는 유용성을 가진다. 이러한 양적 자료에 더하여 현행 가족법 체계로 인한 피해를 보고하는 질적 자료 역시 가족의 '현실'을 보여주는 자료로 활용할 것이다.

또한 가족제도란 의식적인 정책대상이면서 동시에 고정관념, 믿음, 일상성과 같은 문화적 관성이 지배하는 영역이다(조은·이정옥·조주현, 1996: 1-11; 문소정, 1995). 예컨대, 여성의 가사노동, 자녀출산과 같은 가사노동은 여성의 성역할의 전형이며, 남성이 가족의 우두머리가 되고 자녀가 아버지의 성과 본을 따르는 것 역시 자연스런 문화로 되어 있다. 이러한 맥락에서 국회의원, 시민운동가 등 정책형성 관련자들이 가진 사고틀, 가족관, 성역할관 등을 살펴보는 것이 매우 중요하다. 특히 모성보호정책에 있어서는 1990년대에 다양한 주체들에 의해 많은 논란을 거쳐서 마련된 정책이라는 점에서 이들에 의해 개진된 담론을 분석하는 것이 필요하다고 본다.

앞서 본 대로, 모성정책은 1990년대를 통하여 여성정책의 상설의제였다. 본 연구에서는 1990년대를 통하여 활발하게 거론된 모성정책에 관한 담론을 분석하고, 이에 기초하여 마련된 현행 모성보호정책의 내용과 시각을 살펴볼 것이다. 특히 본 연구에서는 모성보호정책을 여성노동정책의 일환이라기보다, 모성에 대한 사회적 책임을 가시화함으로써 가족 내에 주로 맡겨져 있는 모성활동에 대한 새로운 역할규정이라는 점에서 가족정책(여성특위, 1999: 117-118)으로 접근하도록 한다. 그러한 시점에서 보았을 때, 현재의 모성보호정책이 가지는 가능성과 한계를 점검해 보면서 앞으로의 개선점을 논의하기로 한다.

이상과 같이 하여 본 논문은 아래와 같은 연구문제를 중심으로 전개된다.

(1) 현행 가족법, 개정 가족법안을 현실의 한국 '가족들'의 변화의 관점에서 어떻게 평가할 것인가: 여기에서는 가족법안이 현실의 가족변화를 잘 포착하고 있는지, 양성평등은 이루어지고 있는지, 어떤 관점에서 가족을 바라보고 있는지 등을 중심으로 논의할 것이다.

(2) 모성보호정책의 가족정책으로서의 한계와 가능성은 무엇인가: 2001년 11월부터 시행한 모성보호정책의 실효성은 어떠한지, 어떤 관점에서 '모성'을 보고 있는지, 이러한 정책의 양성평등 효과는 어떠할지 등을 중심으로 논의할 것이다.

(3) 가족법과 모성정책에 있어서 앞으로의 과제는 무엇인가: 이에 관해서는 앞으로의 정책 대안과 여성주의적 정책 전망에 대해 논의한다.

2. 가족법 개정과 '가족들'의 변화

1) 호주제도의 병폐

이제부터 현행의 호주제도를 한국사회에서 진행된 가족의 변화를 중심으로 양자가 어떻게 상응하는지를 살펴본다. 가족의 변화는 가구 통계를 중심으로 볼 것인데, 가구란 단순히 거주의 단위인 반면, 가족은 구성원 사이의 관계를 기초로 한다(권태환·김태헌·최진호, 1995: 244).

호주제도는 호적을 통하여 실제 생활과 유리된 '서류상의 가족'을 만들어낸다는 점에서 서류가 아닌 '가구개념의 가족'은 제도와 가족 간의 동어반복을 피하게 해 줄 것이다.

주택 및 인구조사에서 나타난 지난 20~30년간의 변화의 추이를 호주제도가 제도화하는 가족과 서로 교차시켜서 분석할 때, 크게 세 측면에서 제도와 가족간의 접점이 포착된다.

(1) 가족규모의 소규모화 (2) 성비 불균형 (3) 결혼 및 이/재혼 양상이 그것이다. 이러한 접점은 구체적 가족을 통해 표현되는 호주제도로 인한 피해의 지점이기도 하다. 이러한 피해를 이해하기 위해서 인구통계 자료에 더하여 개별사례를 살펴볼 것이다.

(1) 가구의 소규모화와 호주승계

① 가구규모와 가구형태

1960년대 이후 가구와 가족상의 가장 중요한 변화라면 소규모화라고 할 수 있다. 가구의 소규모는 출산력의 감소 및 도시화에 따른 가구분화의 촉진에 의해 설명될 수 있다(권태환 외, 1995). 한국의 출산율은 지난 40여 년 동안 크게 감소하였다. 가임 여성 1명이 낳을 자녀수를 예상하는 합계출산율을 볼 때, 1960년 6.0명, 1968년 4.2명, 1970년 4.53명에서 1990년의 1.6명으로 급격히 감소하였다. 1991년 이후 출산율은 조금 상승하여 1992년의 1.78명 이후 지속적으로 감소하여 1998년 이후 안정화되어 2000년 현재 1.47명을 기록하고 있다. 출산율 저하는 부분적으로는 1962년 이후 추진된 가족계획사업의 출산억제정책의 결과이지만 여기에는 국가정책 이외에도 인구증감 경향, 자녀양육의 물질적 사회적 비용, 결혼 및 이혼 경향, 가족 가치관의 변화, 교육 및 취업 등 여러 사회적 조건들이 복합적으로 작용한다.

출산력의 감소는 자녀수의 감소 현상으로 나타난다. 2000년 조사에서 평균 자녀수는 1.17명으로서, 1995년(1.31명)보다 0.14명이 줄었고 1980년 이후 지속적으로 감소하고 있다. 자녀수의 감소는 다시 평균가구원수의 감소로 이어지는데, 1975년에 5.56명이던 평균 가구원수가 1995년 3.34 명으로, 2000년에는 3.12인으로 가구원수가 감소하였다. 1995년까지는 4인 이상 가구가 절반을 넘었으나 (50.1%), 2000년에는 3인 이하 가구(55.5%)가 처음으로 절반을 넘어섰다. [표 3-2]는 이상과 같은 가구의 지속적인 소규모화 추세를 나타내는 지표를 모은 것이다.

[표 3-2] 가구의 소규모화(1975~2000)

지 표	1975	1980	1985	1990	1995	2000
평균가구원수(명)	5.56	4.55	4.1	3.71	3.34	3.12
합계출산율(명)	3.47	2.83	1.67	1.59	1.65	1.47
1인가구 구성비(%)*	−	4.8	6.9	9.0	12.7	15.5

자료: 통계청, 각 년도 인구주택 총조사.
평균가구원수= 총 일반가구 가구원수/총 일반가구수
*일반가구 중 1인가구 비율

한편, 가구의 세대별 구성 추이를 볼 때, 가구의 양적 규모와 함께 가족의 형태에도 변화가 있음을 알 수 있다. 세대별로 본 가구의 특성은 1세대와 2세대 가구의 지속적 증가와 3세대 이상 가구의 지속적 감소로 단순화될 수 있다. 1세대 가구는 1인 가구 및 아직 자녀를 낳지 않은 젊은 부부, 노인가구, 미혼형제 혹은 노인 형제 가구로 구성된다. [표 3-2]에서 알 수 있듯이, 1980년에서 2000년 사이에 1인 가구가 3배 이상 증가하였는데, 이는 20세 이상 인구의 미혼 및 이혼 증가와 함께 성인자녀들의 독립으로 인해 남게 된 65세 이상의 노인 1인 가구의 증가가 주요인이 된다. 3세대 이상 가구는 1970년에서 1995년 사이 전체 일반가구의 22.06%에서 11.4%로 절반정도 감소하였으며, 4세대 이상 가족 역시 급속히 줄었다.

② 가구의 소규모화와 호주승계제도: 구조적 불일치

이러한 가구변화는 호주의 승계제도와 깊이 연관된다. 호주지위는 크게 승계와 분가를 통해 주어지고, 분가가족의 성립에 이미 승계를 통한 재생산의 씨앗을 함축한다는 점에서 분가와 승계는 상호 의존적이다. 시간적으로 볼 때 호주제도는 모든 소규모 가족(호)에

승계를 미래의 가능성으로 잠재시켜 놓고 있다 이 점에서 제789조가 중요하다: "가족은 혼인하면 당연히 분가한다. 그러나 호주의 직계비속 장남자는 그러하지 아니하다."[3] 이 이상한 문법의 조항에 의하면 장남자를 제외한 '가족'은 혼인과 함께 분가하도록 되어 있고,[4] 이렇게 분가한 가족의 장남 역시 종국에는 호주지위를 계승하게 됨으로써, 결국 모든 가족은 이어야 할 '계통'을 가진 것처럼 고안되어 있다.[5]

하지만 2000년 현재 3.1인이라는 가구원수, 1.2인이라는 자녀수, 1세대 가구의 증가 추세에서 드러나는 가족원 및 자녀수의 현저한 소규모화는 머지않아 많은 '가'가 무후가(無後家: 즉 승계자가 없는 가족)될 운명에 놓여있음을 예고한다. 가(家)가 지속되기 위해서는 적어도 한 명의 아들이 필요하고, 계승과 분가를 통한 제도의 재생

---

3) 이 법정분가의 조항은 1962년 가족법의 제1차 개정에서 가족의 소규모화 및 도시화라는 추세에 따라 분가를 원활히 하기 위하여 도입되었다. 그런데 이 조항에서 '가족'이란 남자 가족원에 한정된다. 결혼에 의한 분가의 주체는 남성이기 때문이다. 그런 점에서 이 조문은 여성 가족원을 대담하게 무시하는 표현을 채용하고 있다. 제826조 3항에 따라 여성은 결혼과 함께 분가하는 것이 아니라 남편의 가에 입적한다.

4) 1989년 가족법의 3차 개정으로 장남의 호주승계권의 포기와 임의 분가가 가능해졌다(제788조 1항). 하지만 현재에도 호주제도의 호주승계포기와 임의 분가가 장남 '개인'들의 자율적 선택에 맡겨져 있다고 하기는 어렵다. 제789조의 '그러하지 아니하다'라는 단서조항은 제778조의 '할 수 있다'의 조항보다 훨씬 더 강력한 금지조항이다. 장남의 임의분가에 의해 가족이 폐가에 이르는 '가제도'를 그대로 둔 채, 장남의 폐가를 허용하는 것으로 호주제도의 선택의 폭이 넓어졌다고 말하기 어렵다. 요컨대, 장남의 선택을 용인하는 조항이 호주제도라는 법시스템과 상응하는가가 문제이다.

5) 호주의 장자계승원리야말로 많은 사람들이 호주제도에서 '전통'을 발견하는 부분이다. 하지만 호주상속과 조선시대의 장자상속이 같은 것은 아니다. 조선시대의 가계상속은 문중 내에서 본가와 지가를 따지고, 본가의 장남자(종손 혹은 승중)에 의한 제사상속이 그 중심에 있다면, 호주제도의 호주계승은 호적상의 필요이며 분가된 모든 소규모 가족에서 이루어지는 것이다.

산을 위해서는 사실상 적어도 두 명의 아들이 필요하다. 하지만 한 번의 출산에서 아들이 태어날 자연확률을 0.5로 가정할 때, 2명의 자녀에서 한 명 이상의 아들을 낳을 확률은 0.75이며, 1명의 자녀에서는 0.5에 불과하다. 소자녀 추세에다 세대를 교차시키면, 어떤 '가'가 영속되리라는 가정이 매우 허망한 것임을 알 수 있다. 즉, 딸만 낳은 장남들의 출현이란 언젠가는 다가오는 '문제'이다. 무후가의 증가가 예견된다는 것은 호주제의 존립 자체가 어렵다는 것, 따라서 '가계' 혹은 '대를 잇는다'는 개념 자체를 전면적으로 재고해야 하는 때가 되었음을 뜻한다.

둘째, 호주제도는 실제 주거 및 생활과 무관한 가족을 제도화한다. 호주제도상 하나의 '가족'이란 호주와 그 호주의 가에 속한 가족원들이며 이 가는 실제의 거주 여부와 무관한 본적(本籍)에 거주하는 호적상의 가족이다.6) 따라서 호주제도는 실제의 가족생활과 유리된 가족경계 내지 소속을 상상하도록 하는 제도적 견고함을 지닌다. 따라서 호주제도는 가족이동과 분화현상, 출산력의 감소에 따른 가족변화에도 불구하고 호적상의 가를 영속시키는 데에 장애를 가지지 않으며, 이에 따라 동거가족과 이념가족간의 간극이 심화된다. 이렇게 호적 및 법에 의한 가족이 이념형적 가족이 되고 그것이 실제가족과 일치할 수 없게 제도화되어 있다면, 한국가족의 다중성, 형식성 내지 모호성은 제도적으로 불가피하고 만성화될 것이다.

마지막으로 호주제도는 세대간의 상호 이해라는 측면에서도 문

---

6) 본적은 호적을 작성한 최초 호주의 당시의 주소였을 가능성이 높다. 도시화, 인구이동 및 세대 분화가 심하게 일어났던 시간이 흐르면서, 이 '최초주소'는 관념상의 것으로 화하게 된다.

제가 있다. 호주제도의 계승원리는 적어도 3세대의 관점에서 설계된 제도로서 세대변수가 중요하다.[7] 호주제도는 다자녀사회 혹은 높은 출산력의 사회에서 고안되었고, 그것을 전제로 한다. 한국에서 1960년대의 합계출산력이 6.0임을 상기할 때, 30~40년 전의 가족 문화를 가진 세대는 호주제도의 승계의 원리 등을 정상적인 것이라고 생각할 수 있을 것이다. 하지만 지난 30~40년간 한국의 인구 및 가구에서 일어난 변화는 급격한 것이고 일관된 방향성을 가지고 있다. 따라서 30~40년 전의 가족체험을 가지지 않은 세대들에게 이러한 제도는 설득력을 가지기 어렵다. 이렇게 호주제도는 젠더간 불평등뿐 아니라 급변해 온 한국사회의 세대간 관계 설정의 문제이기도 하다. 요약컨대 호주승계제도는 한국사회의 장기적 가구 추세에서 나타나는 '가족'과 구조적으로 조응하지 못한다. 무엇보다도 출산력의 저하와 가족의 소가족화라는 객관적 인구추세는 호주제도의 생명인 승계를 곧 다가올 미래에 실현되기 어렵게 한다.

(2) 남아출산에의 압력과 성비불균형 문제

호주승계의 순위가 장자 우선으로 제도화되어 있고 아들이 없이 가의 계승이란 가능하지 않기 때문에 가의 존속을 위해 아들의 존재는 사활이 달린 문제이다.[8] 호주제도를 정상적 가족제도로 법제

---

7) 호주 계승의 내면적 원리에는 부모 부양에 대한 도덕적 책임이 놓여있다. 하지만 가족의 변화는 노인복지가 가족 내에서 다 해소되기 어려운 상황임을 말한다. 가구의 소규모화와 여성의 취업률 상승에 따라 가족 내에서 복지 역할(살림살이)을 전담할 노동력이 부족해지고, 가족내의 복지역할의 비용이 커진다. 더구나 노인부양을 도덕과 가족의 문제로만 원인을 돌리는 동안, 노인복지는 누구도 책임지지 않은 사각지대에 놓이게 된다.

8) 딸의 호주지위는 결혼에 의해 만료되는 잠정적인 것이다(민법 제984조 참조). 이

화하는 국가에서 살아가는 국민들은 그러한 '정상적'인 법과 문화에 부합하도록 필사적인 노력을 기울이게 될 것이다. 앞에서 모든 가족에서 아들 하나를 낳는 것이 불가능하다고 했는데, 사람들이 제도에 대하여 대응, 적응, 때론 저항하는 양상은 그렇게 단순하지 않을 것이다. 개별가족에서 아들이 필요하다면 아들을 낳을 때까지 평균자녀수를 상회하여 자녀를 출산할 것이고, 아들이 있다면 쉽게 단산을 결정할 수 있을 것이다. 또 태아감별, 인공중절, 각종 요법을 활용한 인공적 개입을 통해 아들 낳을 확률을 높일 것이다. 한국의 출생성비는 그와 같은 대응을 나타내는 하나의 지표라고 할 수 있다.

① 성비불균형과 인구불균형

한국인의 출생성비(여아 100명 당 남아수)는 1993년 115.3을 고비로 꾸준히 감소하여 1998년 이후 110 수준을 유지하고 있다. 하지만 출생순위 별로 보면, 남아선호의 정도가 그저 낮아졌다고 말하기는 어렵다는 것을 알 수 있다.

[표 3-3]에서 보면 첫째아의 출생성비는 정상(105~106)에 접근하여 있고, 둘째아의 성비도 최근으로 올수록 그것에 가깝다.

하지만 셋째아 이상의 성비는 1993년 206.6이라는 정점이후 점차 낮아지기는 하지만 여전히 높은 수치로서 높은 인공개입을 추측케 한다.[9] 실제로 1988년부터 1996년 사이 태아 성 감별후 인공적으로 중절되는 여아는 평균 약 3만 건으로 추정되고 있다.

점에서 한국사회의 남아선호는 전통적 사상이라기보다는 현재 가족제도상의 요구라고 해야 한다.

9) 1994년 통계에서 셋째와 넷째 아이의 성비는 각각 205.9, 237.7로 나타난다.

[표 3-3] 출생순위별 출생성비

	1991	1993	1995	1998	1999	2000
총출생 성비	112.4	115.3	113.2	110.1	109.6	110.2
첫째아	105.7	106.4	105.8	105.9	105.6	106.2
둘째아	112.4	114.7	111.7	108.0	107.6	107.4
셋째아 이상	182.1	206.6	180.2	145.6	143.1	143.9

자료: 통계청, 2000년 인구주택 총조사.

한편, 한의사 고은광순에 따르면, 임신 전에 이미 한의원에 와서 '아들 낳는 약'을 구하는 여성들을 쉽게 만날 수 있다고 한다(http://antihoju.jinbo.net. 자유게시판, no.26).[10] 이와 같은 노력과 그에 따른 성비불균형은 호주제도가 현실과 동떨어진 것이 아니라 현실 속에서 구현되고 있는 제도라는 것을 보여준다. 하지만 이러한 노력에도 불구하고 모든 가족에서 아들을 낳을 수 있는 것은 아니다. 다음은 이러한 아들 '문화'에서 아들로 태어나지 못하고, 또 아들을 낳지 못한 여성들의 이야기이다.

> 우리 태어났을 때 아빠 한 번도 안아주지 않으셨대요.. 딸 안아주면 그 다음에도 딸 낳는다고……내가 우리 딸 낳고 병원에 입원해 있을 때 아빠가 뭐라셨는지 아세요? 니네 엄만 아들 낳았을 때만 입원하고 딸 낳고는 3시간 만에 나왔는데 넌 왜 그러냐고 하시는 거예요(http://www.womennews.co.kr, 2002. 1. 5).

결혼한 지 18년 되었다. 아들을 못 낳고 초3, 중2, 고2 된 딸만 셋 있는

---

10) 1995년 한의사를 대상으로 한 설문조사에 의하면, 응답자 200여명 중 90%가 '아들 낳는 처방'을 요구받았다고 한다. 이들 중 60%가 이 요구에 응했다고 답했다. 여성들이 아들을 낳으려는 이유는 '집안 어른의 요구'(60%) 혹은 '대를 이으려고'(30%)라고 말해지고 친정식구가 약을 지으러 오는 경우(12%)도 적지 않다.

데, 남편이 아들을 바라고 외도를 했다. 시어머니가 아들을 바라자 남편도 생각이 바뀌기 시작에 작년에 외도를 했다. 나는 아들을 못 낳는 것 때문에 굉장한 스트레스를 받고 있다(http://antihoju. jinbo.net).

② 성비불균형과 호주제도: 구현

민법 제984조에 따르면, 가족내의 직계비속남자는 가족내의 모든 여자에 비해서 호주승계의 우선권을 가진다. 이러한 아들에의 부자연스런 집착은 여러 가지 문제를 야기한다.[11]

첫째, 성비 불균형은 여아생명권이자 인권유린의 문제이며, 여태아뿐 아니라 여성 경시의 문제이다. 또한 여성생명 경시라는 점에서 한 사회의 전반적인 도덕적 위험성을 나타낸다. 아들이 없음으로 인해 남편의 혼외관계를 주위가족(예컨대 시어머니)이 묵인 내지 장려한다는 이야기를 통해, 한국 사회의 '아들편집증'이 도덕적으로 위험수위를 넘어섰다는 것을 알 수 있다.

둘째, 성비 불균형은 여성의 신체 및 건강권의 문제이다. 태아 성감별에 따른 인공임신중절은 여성의 몸과 재생산기능에 심각한 타격을 줄 수 있다(이미경, 2000 미간행). 하지만 이러한 실행의 효과는 육체적 건강에 국한되지 않는다. 임신중절이 주는 정신적 효과에다가, 아들을 낳기 위한 성생활은 여성의 정신적 수치감 등 위신의 문제이기 때문이다. 여성들이 단순히 남아출산에의 압력을 받고 있다는 데에서 문제가 그치는 것이 아니라, '아들을 낳아야' 하는 현대 한국 여성주체의 성격과 혼인관계의 성격으로 문제가 이어져 있다.

---

11) 제984조 호주승계에 있어서는 다음 순위로 승계인이 된다.
   1. 피승계인의 직계비속남자, 2. 피승계인의 가족인 직계비속여자, 3. 피승계인의 처, 4. 피승 계인의 가족인 직계존속여자, 5. 피승계인의 가족인 직계비속의 처

셋째, 성비불균형에 따라 차세대들의 결혼 및 이로 인한 인구학적 불균형이 예상된다. 앞으로의 출산수준은 높은 초혼연령, 유배우율의 감소라는 일반적 추세와 함께 더욱 낮아질 것이 예상되므로 장래의 성별 연령별 인구비율은 더욱 불안정해 질 것이다(권태환 외, 1995: 70-74). 미래의 결혼적령기 성별 인구비, 즉 남자 25~29세, 여자 20~24세의 성비추이를 산출해 보면, 1990년에 103.3, 2000년에 119.4, 2010년에 128.6로 각각 나타난다. 이러한 불균형은 1990년 전후의 성비불균형과 1970년대 후반 이후 출생아의 절대수 감소경향이 겹치면서 가속화된다. 따라서 1990년대에 출생한 세대가 결혼적령에 들어가는 2010년 이후가 되면, 한국 남성의 배우자 찾기는 매우 힘들어질 전망이다. 결국 조/부모 세대의 대를 잇기 위한 남아선호의 실천이 20~30년 후 그들의 자손이 대를 잇기도 전에 배우자를 찾기 어렵게 된다는 결과로 돌아올 것이다. 남아선호와 성비불균형은 이렇게 호주제도가 한국 인구와 가족에 구현되는 양상을 보여준다. 제도의 구현이기는 하나 그에 따른 사회적 문제들은 다 예상하기도 어렵다.

이제까지 살펴본 호주제도의 문제점이 가의 수직적 재생산에 관한 것이라면, 이제부터는 수직적 재생산의 기초가 되는 혼인관계와 같은 동일 세대내 관계를 중심으로 살펴볼 것이다. 이혼 및 재혼에 따른 자녀의 '가' 귀속문제는 호주제도의 질서를 드러내는 중요한 계기라고 할 수 있다.

2) 새로운 정책: 호주제 폐지

이상과 같은 문제점과 함께 호주제 폐지에 대한 염원은 1990년대 후반부터 우리 시민사회에서 성장하였고, 호주제가 삭제된 가족 법안이 2005년 3월 국회에서 통과되기에 이르렀다.

호주제 폐지가 의미하는 바는 다층적이다. 그것은 우선 가족내의 '호주' 지위의 폐지이며, 호적을 가별로 편제하는 가제도 및 그러한 호적제도의 폐지를 의미한다. 하지만 현재의 호주제도가 단지 호주의 존재에 그치는 것이 아니라 가족내 모든 관계, 즉 부부관계, 부모자녀관계, 출산, 혼인과 이혼, 재혼 등에 영향을 미치는 포괄적인 가족제도이기 때문에 그 폐지가 가지는 의미는 복합적인 것이다. 2008년 1월부터 발효될 새로운 가족법의 주요 내용을 살펴보면 다음과 같다.

먼저, 호주제도 조문이 모두 삭제되었다. 이에 따라, 제4편(친족편) 2장의 종전의 '호주와 가족'이라는 제목을 삭제하고 대신 '가족의 범위와 자의 성과 본'으로 하고 있다. 가족의 범위에 관한 조항은 원래의 정부안에서는 삭제되었지만, 국무회의에서 가족 조문의 삭제에 관해 많은 논란이 있었고 이 과정에서 종전의 호주제도 하의 가족 개념과는 다른 '가족' 조문이 마련되었다. 하지만 혼인관계를 전제로 한다는 점에서 비혼, 독신, 동성, 비혈연 가구를 차별할 소지가 있다는 점, 가족의 경계와 현실 가족단위와의 괴리를 메우기 어렵다는 점, 그리고 가족 조문을 두는 법률적 실익이 불확실하다는 점 등으로 인해 이후 개정의 씨앗을 가지고 있다. 현재 법안에서 가족 규정은 다음과 같다.

제779조(가족의 범위) ①다음의 자는 가족으로 한다.
1. 배우자, 직계혈족 및 형제자매
2. 직계혈족의 배우자, 배우자의 직계혈족 및 배우자의 형제자매

②제1항 제2호의 경우에는 생계를 같이 하는 경우에 한한다.

둘째, 자의 성과 본에 관해서는 큰 변화가 있었는데, 이에 관해서는 다음 절에서 본다.

셋째, 1997년의 동성동본금혼에 관한 제809조 규정이 헌법재판소에서 헌법불합치 판정을 받음에 따라, 새로운 금혼범위 조항이 마련되었다. 이에 따라, 동성동본금혼 제도와 같이 지나치게 광범위한 금혼범위가 제한되었고, 개인 남녀가 배우자를 선택하는 자유의 폭이 더 넓어지고 국가가 개인의 선택을 제한하는 것이 축소되었다.

> 제809조(근친혼 등의 금지) ① 8촌 이내의 혈족(친양자의 입양전의 혈족을 포함한다) 사이에서는 혼인하지 못한다.
> ② 6촌 이내의 혈족의 배우자, 배우자의 6촌 이내의 혈족, 배우자의 4촌 이내의 혈족의 배우자인 인척이거나 이러한 인척이었던 자 사이에서는 혼인하지 못한다.
> ③ 6촌 이내의 양부모계(養父母系)의 혈족이었던 자와 4촌 이내의 양부모계의 인척이었던 자 사이에서는 혼인하지 못한다.

넷째, 현행 호적제도는 호주제도의 원리에 따라 편제되었다. 따라서 호주제도가 삭제된 새로운 가족법이 통과될 경우, 신분등록제도에 대한 대안도 필요해진다. 이에 대해 법무부와 대법원은 부는 개인의 출생, 사망, 혼인, 이혼 등과 같은 신분변동과 그 개인의 부와 모, 자녀관계와 같은 가족을 명시하는 개인별 신분등록제안을 선택한다는 의견을 제시한 바 있다. 개인별 신분등록제도가 채택되어 호적법과 관련법들이 정비될 경우, 이혼 및 재혼 가족, 사실혼, 혼외자 등 기존의 '정상가족'에 맞지 않는 가족에 속하는 개인에 대한 차별의 소지가 줄어들게 될 것이다. 뿐만 아니라, 전 국민을 가족의 틀 안에서 공지했던 신분공시제도의 틀이 대대적으로 변동하는 계기가 될 것이다.

이 밖에 부양상속분(扶養相續分)이 신설되었다. 공동상속인 중에 피상속인과 상당한 기간동안 동거하면서 부양한 상속인(피상속인의 배우자는 제외)에 대한 상속분은 그 고유의 상속분의 5할의 범위 안에서 가산한다(제1008조의 3). 재산상속에 있어 이미 '기여분'이 마련되어 있어서 중복성이 있고, 여타 적극적인 노인부양정책에 의해 뒷받침되지 않는다면 해당 조문이 노인부양을 가족에게 책임지우고자 하는 법의 태도가 내재해 있다고 평가될 소지가 있다. 호주제도 폐지와 함께 노인세대에 대한 장남자의 부양의무를 약화하는 사회적 분위기를 의식한 입법이 아닌가 사료된다.

3) 이혼 대책

(1) 결혼의 감소와 이혼의 증가

지난 1990년대를 통하여 인구 전체에서 결혼율은 감소한 .반면, 이혼율은 급증하였다. [표 3-4]를 통해 1970년대 이후 혼인 및 이혼 경향을 살펴보기로 하자.

1970년부터 2000년까지의 혼인 경향을 보면, 1980년을 정점으로 조혼인율이 최고수준인 10.6건으로 증가하였다가 이후 지속적으로 감소하고 있다. 최근 몇 년간의 조혼인율은 거듭 조사이후 최저치의 기록을 갱신하고 있다. 이에 비해, 이혼율은 이혼건수 및 조이혼율에 의해 급증세를 나타낸다. 2000년의 이혼건수는 1970년대에 비

[표 3-4] 혼인 및 이혼 경향 (1970-2000)

	1970	1980	1990	1995	1998	2000
혼인건수(천 건)	295.1	4.30	399.3	398.5	375.6	334.0
조혼인율*	9,2	10.6	9.3	8.7	8.0	7.0
이혼건수(천 건)	11.6	23.7	45.7	68.3	116.7	120.0
조이혼율**	0.4	0.6	1.1	1.5	2.5	2.5

자료: 통계청, 각 연도 인구주택 총조사.
*조혼인율: 인구 천명 당 혼인건수.
**조이혼율: 인구 천명 당 이혼건수.

해서는 10여배, 1980년대에 비해서는 5배 정도, 1990년에 비해서도
2.5배 정도가 증가하였다. 이러한 혼인수의 감소와 이혼수의 증가
에 따라, 2000년 한해 중 평균적으로 3쌍이 혼인할 때 1쌍 이상이
이혼하였다고 할 수 있다. 이혼증가로 인하여 어머니와 함께 사는
이혼자녀수도 증가하여서 1990년대만으로 한정지어도 이혼당시 20
세 미만의 자녀를 둔 부부의 이혼 증가 추세가 드러난다. 1993년
자녀를 둔 이혼당시 부부가 전체의 65.6%인데 비해, 2000년 현재에
는 70.4%를 나타낸다.[12] 이러한 추세에다가 이혼수의 증가를 감안
하면, 이혼한 부모를 둔 자녀들의 양적 증가를 알 수 있다. 이혼한
부모 중 누가 자녀양육을 담당하는지에 관한 전반적 통계를 구하기
는 어렵지만, 1999년에 서울가정법원에서 처리한 이혼사건 중 친권
자 및 양육자 지정이 있었던 200건을 분석해 보면 어머니가 자녀를
양육하는 경우가 132건(66%)이고 아버지가 양육자로 된 경우가 64
건(33%)으로 나타난다. 즉 1999년 서울지역에서 자녀를 둔 부부의

---

12) 이것은 15년 이상 장기동거부부의 이혼 증가 및 혼인연령의 상승 등에 기인한
   평균 이혼연령이 높아지는 추세와 관련된다. 평균 이혼연령은 1990년에 남녀
   각각 37.2세, 33.1세였으나, 1995년에 38.4세, 34.6세, 2000년에는 남자 40.1세,
   여자 36.6세로 나타났다.

[표 3-5] 혼인형태별 혼인구성비(%) (1990~2000)

계	1990	1992	1994	1996	1998	2000
	100.0	100.0	100.0	100.0	100.0	100.0
초혼(남)-초혼(여)	89.3	88.8	87.4	85.9	84.0	82.0
재혼(남)-초혼(여)	3.6	3.5	3.5	3.6	3.5	3.5
초혼(남)-재혼(여)	2.3	2.7	3.3	3.8	4.4	4.9
재혼(남)-재혼(여)	4.7	5.0	5.8	6.7	8.1	9.6

자료: 통계청, 각년도 인구주택 총조사.

이혼사건 중 약 2/3의 경우에서 어머니가 자녀에 대한 양육자로 지정되었다(김상용, 2000).[13]

이혼의 증가와 함께 재혼율의 증가가 두드러진다. 전체혼인 중 재혼의 비율이 지속적으로 증가하여, 1999년의 총 재혼건수가 1990년에 비해 68% 증가하였다(1990년 18,850건; 1995년 22,770건; 1999년 33,607건). 이 중에서 남녀 모두 재혼인 경우가 1990년과 2000년 사이에 4.7%에서 9.6%로 2배 이상 증가하여, 부부의 한 쪽이 재혼인 경우를 포함하면 2000년 현재 재혼의 비율은 전체 혼인의 18%에 달한다. 혼인 5건 중 1건 정도에서 남녀 중 한 명, 또는 남녀 모두 재혼인 결혼을 한 셈이다.

여기서 특히 주목되는 것은 여성의 재혼이다. 여성의 재혼의 경우는 자녀의 문제와 함께 전 혼인관계의 자취가 호적과 생활에 장애가 되는 반면, 남성의 재혼은 법적으로 큰 하자를 남기지는 않는다. 그럼에도 불구하고 1990년에서 2000년 사이 여자의 총 혼인수에서 재혼수가 차지하는 비율이 두 배 이상 증가하였다.

---

13) 한편 1992년 초등학교 4학년 이상의 이혼가족의 자녀를 대상으로 한 연구에서는 아버지와의 동거가 55.0%, 어머니와의 동거가 31.6%로 나타나고 있다. 정현숙(1993) 참조.

이 중 여성재혼-남성초혼의 결혼이 전체혼인에서 차지하는 비율도 증가하여 1990년과 2000년에 전체 혼인에서 각각 2.3%, 4.9%를 차지한다.

이렇게 열 쌍이 결혼할 때 세 쌍이 이혼하고, 열 쌍 중 거의 두 쌍은 재혼이라는 2000년 현재의 결혼 실태는 이혼과 재혼을 단지 예외적 현상으로만 규정하고 있을 수 없는 상황에 한국사회가 들어섰음을 말한다. 평생을 지속하는 부부의 초혼관계와 그의 자녀로 구성된 이른바 '정상적' 가족모형 안으로 다 들어오지 않는 가족들이 증가해 왔음을 알 수 있다.

이에 따라 한국사회에 '가족들'이 다원화되고 있다고 진단할 수도 있겠지만 그들을 가시화시키고 뒷받침할 제도적 법적 틀이 없이 다원성을 말하는 것은 성급하고 위험한 측면이 있다. 가족법 및 호적법의 호주제도와 같은 법제도의 존속은 한국가족의 다원성을 말하기 무색하리만큼 획일적인 틀을 한국가족들에게 강요하고 있어서 가족의 실제 삶과 가족제도간의 구조적 괴리를 심화시키고 있다.

(2) 호주제도상 이혼 및 재혼

호주제도하에서 이혼 및 재혼에 대해서는 현실의 가족의 변화와 요구를 전혀 수용하지 못하고 있다. 먼저, 이혼한 가족의 생활단위로서의 가족과 호적단위로서의 가족간의 괴리가 심각하다.

먼저, 민법 제781조에 따라[14] 아버지의 친권여부, 자녀의 의사,

---

14) 민법 제781조 [자의 입적, 성과 본] ① 자(子)는 부(父)의 성(姓)과 본(本)을 따르고 부가에 입적한다. ② 부를 알 수 없는 자는 모(母)의 성과 본을 따르고 모가에 입적한다. ③ 부모를 알 수 없는 자는 법원의 허가를 얻어 성과 본을 창설하고 일가를 창립한다. 그러나 성과 본을 창설한 후 부 또는 모를 얻게 된 때에는

또는 가족 상황과 무관하게 혼인 중에 태어난 자녀는 예외없이 아버지의 호적에 등재되고 그것을 변경할 권리가 자녀나 친권자에게 주어지지 않는다. 즉 이혼한 어머니와 자녀가 실질적 가족단위임에도 불구하고 자녀의 호적을 어머니에게로 변경시키는 것이 불가능하다. 친권여부, 자녀의 의사, 또는 가족 상황과 무관하게 혼인 중에 태어난 자녀는 아버지의 호적으로부터 변경할 권리가 자녀나 친권자에게 주어지지 않는다(제778조). 이혼한 어머니와 자녀의 친권자 및 양육권자로서 실질적 가족단위인 경우에도 자녀와 어머니는 단지 '동거인'일 뿐, 자녀 호적을 어머니에게로 변경시키는 것이 불가능하다. 또한 자녀의 양육자인 어머니는 미성년 자녀에 관한 주요 법률적 사안은 호주인 아버지(혹은 할아버지)에게 알리고 그의 동의를 구해야 한다. 하지만 아버지가 친권자 및 양육자로 지정받는 경우, 일반적으로 아버지가 자녀의 호주이기 때문에 어머니에게 동의를 구할 필요는 없다.

둘째, 재혼의 증가 추세와 함께, 여성이 전혼(前婚)관계에서 낳은 자녀의 호적 귀속 문제역시 더 많이 제기된다. 하지만 법의 태도는 완강하다.[15] 부(夫)의 혈족 아닌 처의 직계비속, 즉 전혼 혹은 혼외 관계에서 낳은 자식을 입적할 때에는 현재의 남편과 현재 그 자녀

부 또는 모의 성과 본을 따른다.

15) 제782조 1항 [혼인외의 子의 입적] ① 가족이 혼인 외의 자를 출생한 때에는 그 가에 입적하게 할 수 있다.
제784조 1항 [夫의 혈족 아닌 처의 직계비속의 입적] ① 부의 혈족 아닌 처의 직계비속의 입 적일 때에는 부의 동의를 얻어야 그 가에 입적하게 할 수 있다.
② 전항의 경우에 그 직계비속이 타가의 가족인 때에는 그 호주의 동의를 얻어야 한다.
제785조 [호주의 직계비속의 입적] ① 호주는 타가의 호주 아닌 자기의 직계존속이나 직계비속 을 그 가에 입적하게 할 수 있다.

의 호주의 동의가 모두 필요하다(민법 제784조 1항). 하지만 부의 혼인 외의 출생자에 대해서 남편(아버지)은 대개 자신의 가의 호주이므로, 처의 동의를 얻을 필요가 없다(민법 제785조). 후자의 경우 부의 인지 또는 출생신고만 있으면 자녀는 부의 가에 입적하게 된다. 이와 같은 친자제도에서 친밀감과 우애를 중심으로 한다는 '현대' 가족에 대한 진단을 멈추게 할 만큼, '실생활 정서'의 우위에 서 있는 제도중심적 사고를 만나게 된다.16)

이렇게 아버지가 어머니에 비해 자녀에 대해 가지는 절대적 우선권이 가족의 선택의 폭을 크게 제한한다. 또한 호주제도와 연동한 호적은 이혼 및 재혼 가족을 '비정상 가족'으로 규정하는 기제가 되어왔다. 이혼 및 재혼 가족을 비정성상적인 가족으로 간주하는 관점은 이혼 및 재혼가족의 재적응에 도움을 주기는커녕 문제를 가중시킨다.

셋째, 이혼 및 재혼에 대한 법의 태도는 단지 이혼과 재혼에 대한 비정상화에 그치는 것이 그것이 성별에 따라 다른 효과를 낸다는 점에 주목해야 한다. 앞서 법조문에서 본대로 이혼 및 재혼에 대한 불이익은 주로 이혼과 재혼을 선택한 여성에게 불이익을 주는 방식으로 이루어진다. 이혼으로 인해 호적을 바꾸어야 하고, 자식으로부터 분리되어야 하는 것은 언제나 여성이다. 이는 이혼으로 인해 경제적 기초뿐 아니라 사회적 신분 면에서도 여성들은 위험과 불이익을 감수해야 한다는 것을 뜻한다.

---

16) 따라서 부인은 남편의 전혼이나 혼외관계에서 얻은 자녀의 남편 호적 입적에 대하여 거부할 권리가 없다. 여기서 남편과 부인간의 불평등, 또 부인의 '전혼의' 자녀와 남성의 '혼외관계의' 자녀라는 불균형이 주목된다.

(3) 개선안: 가족법안과 건강가정기본법

이혼에 대한 가족정책은 크게 이혼가족에 대한 지원과 이혼을 고려하는 가족에 대한 지원으로 나눌 수 있다. 호주제도의 폐지는 이혼가족에 대한 지원의 일부에 해당한다. 현재 제시되는 이혼정책의 내용과 미래상을 차례로 살펴보자.

① 가족별 호적편제제도 폐지

이혼에 따른 이혼여성 및 자녀의 호적상 소속과 같은 문제를 해소시킨다. 2003년 법무부가 결정한 대로, 호주제도 폐지에 따른 신분편제 방식을 개인별로 변경할 경우, 이 문제는 해소될 것이다. 하지만 기존의 개인별 편제에서도 혼인관계, 자녀관계가 기록됨에 따라 동성애자, 독신자들에 대한 차별 소지에 대한 문제제기가 일고 있다.[17] 더 나아가 기본가족별 편제방식이 대안 신분등록제로 선택될 경우, 이혼 및 재혼 가족의 특징이 고스란히 기록됨으로써 가족 간 차별의 소지가 있다.

② 이혼 상담 의무화

이혼을 고려하는 가족에 대한 상담과 지원은 현재 거론되는 이혼정책의 주요 부분이다. 앞서 살펴본 대로, 이혼의 급증과 함께 이혼을 고려하는 부부를 상담하고 이혼을 숙고하게 하는 제도 등이 제안되고 있다. 2004년 1월에 발효된 건강가정기본법에 따르면, 이혼을 고려하는 부부에게 이혼 전 상담을 의무화하도록 하고 있다.[18]

---

17) 타리, "새로운 신분등록제를 준비하며," 개인별신분등록제실현을 위한 공동연대 자료집, 2004. 6. 5.

또한 '가정법률상담소' 등에서는 혼인을 앞둔 남녀에 대해 교육프로그램을 실시하기 시작했다. 이러한, 이혼 및 혼인 상담의 필요성 여부를 넘어서 무엇을 어떻게 할 것인가에 대한 구체적 항목, 이혼 및 혼인을 바라보는 입장에 대한 더 많은 논의가 요청된다. 그렇지 않다면, 국가와 법에 의한 혼인 및 이혼의 자유에 대한 침해의 소지라는 비판을 받을 수 있다.

③ 이혼숙려기간 제도

증가하는 이혼의 추세와 함께 한국에서 협의이혼절차가 너무 간이(簡易)하다는 비판이 일고 있다.[19] 이에 따라, 외국의 입법례에서와 같이 우리 가족법에서 이혼숙려기간의 제도화와 같은 제도의 도입을 고려할 만하다. 이혼숙려제도 기간 중에 해당 기관과 담당자는 이혼시 재산분할, 이혼 후 양육자 지정 및 자녀양육비 지급 방안 등에 관한 기본적인 정보를 제공하고 이에 대해 교육, 상담하여 이혼 후 생활에 대하여 당사자가 충분하게 숙고하고 준비할 수 있는 기간을 가진다는 점에 의미가 있다. 특히 이혼시 자녀양육에 대한 약정이 이루어지도록 하는 것은 이혼과정에서 국가가 이혼 당사자들에게 요구하는 최소한의 의무가 될 것이다.[20] 이혼 후 자녀양육

---

18) 건강가족기본법 제31조 (이혼예방 및 이혼가정지원) ① 국가와 지방자치단체는 이혼하고자 하는 부부가 이혼전 상담을 받을 수 있게 하는 등 이혼 조정을 내실화할 수 있도록 필요한 조치를 강구하여야 한다.
② 국가와 지방자치단체는 이혼의 의사가 정해진 가족에 대하여 이들 가족이 자녀양육, 재산, 정서 등의 제반 문제를 준비할 수 있도록 도움을 주는 지원서비스를 제공하도록 하여야 한다.
③ 국가와 지방자치단체는 이혼한 가족에 대하여 양육비에 대한 집행력의 실효성을 강화하고 그 적용대상을 확대하도록 하여야 한다.

19) 2003년의 경우, 협의이혼은 143.6천 건으로서 전체 이혼의 85.9%를 차지하였고, 재판이혼과의 비율을 비교해 볼 때, 매해 증가하는 추세이다.

과 이에 따른 어려움은 주로 경제적 약자인 여성의 편에서 진다는 점에서 이혼숙려제도가 여성에게도 대체로 도움이 될 수 있을 것이라는 진단이 있다.[21] 하지만 이러한 제도가 지치고 해체된 가족에게 다시금 족쇄가 되지 않도록 주의하는 장치가 필요할 것이다.

④ 이혼가족에 대한 지원

이렇게 이혼을 고려하는 가족에 대한 정책으로는 이혼 당사자들에 대한 상담 및 이혼 숙고기간과 같은 대책이 거론되고 있다. 이혼율의 저하를 위해서 미시적인 가족상담이 중요하지 않은 것은 아니지만, 현재 이혼의 거시적 요인을 완화시키는 것이 중요하다. 즉 경기상승 및 고용 안정, 가족가치의 안정, 남녀평등 가족제도의 마련과 같은 정책이 동시에 실시되어야 할 것이다.

다른 한편, 이혼하는 가족에 대한 지원책도 중요하다. 가족법제상의 이혼할 부부의 재산분배제도, 이혼 후 자녀양육비 지급의 의무화와 같은 방안이 우선 시급히 정비되어야 할 것이다. 가족법제상의 이혼 가족에 대한 대비책과 남녀평등제도는 국가의 부가적 지급 없이 가족내 자원의 공정한 분배라는 의미를 가진다. 이러한 제도는 이혼 후 가족들이 어느 정도 심리적, 경제적 안정을 가져오므로 전반적으로 가족문화의 안정에 기여하리라 예상한다.[22]

---

20) 김상용, "가족법상의 몇 가지 헌법적 문제-호주제의 전통성, 자녀의 성, 이혼숙려기간" 제47회 헌법실무연구회 발표문, 2004. 7. 참고.

21) 2004년 3월에서 4월 사이, 한국의 20세 이상 남녀 1,210명을 대상으로 실시한 한국가정법률상담소의 연구에 따르면, 여성의 73.5%, 남성의 75.5%가 이혼숙려제도에 찬성의견을 보였다. 이혼숙려기간으로는 3~4개월(응답자의 37.7%), 5~6개월(30.4%)이 가장 많은 비율을 나타냈다.

22) 2005년 국회에서 통과된 민법안에는 부부재산제 및 양육비 지급에 관한 개정안은 마련되어 있지 않다. 한편, 2004년 7월 가정법률상담소에서는 부부재산제와

4) 자녀의 성과 본, 친양자 제도

(1) 자의 성/본

한국은 사회변화에 따른 이혼의 증가에 대해 준비가 미비한 사회이며, 이혼과 재혼의 피해는 주로 여성과 그들의 자녀에게 부담을 지우는 방식으로 조직되어 있다. 앞에서 논의한 이혼과 재혼의 증가는 호적과 실제가족의 불일치, 남녀차별성 이외에도 자녀의 성과 본 문제를 불러온다. 특히 자녀의 성과 본은 어머니의 재혼과 함께 어머니를 따르는 자녀에게서 나타난다. 재혼한 여성이 전남편(전호주, 친부)과 현재 남편의 동의를 얻어 전혼에서 태어난 자신의 자녀를 현재 남편의 호적에 편입시킨다고 해도 자녀의 성(姓) 변경이 가능하지 않기 때문이다. 자녀와 현재 아버지간에 성이 다른 데서 오는 문제들이 재혼가족 및 자녀에게서 점점 더 많이 제기되고 있다. 다음은 이혼과 재혼 여성과 그들 자녀들의 피해 이야기이다.

> 이혼해서 고3, 고2 아이들 2명을 키우고 있다. 아이 아빠는 전과가 많은 데다 미성년자 관련해서 죄를 지어 도망 다니며 지냈고 다른 여자랑 혼인신고 해서 살고 있다. 그런데 애들을 데려가겠다고 한다. 애들은 싫다고 한다. 이들 호적은 애 아빠로 되어 있는데, 애들을 못 데려가게 할 방법은 없는지?(http://no-hoju.women21.or.kr)

> 아이가 태어나서 6개월도 되기 전에 아이 아빠가 외도로 집을 나간 1년 후에 실질적으로 이혼했고 너무나 힘들고 어렵게 살다가 아이가 6살 때 지금의 남편과 재혼했죠. 재혼 당시 아이의 호적문제로 여러 곳에 상담과 문의를 했지만 길이 없더군요... 그것이 마음에 걸려 어디에 주민등록등본이라도 낼라치면 얼굴이 뜨거워지곤 합니다. 아이가 유치

양육비에 관련한 법안을 제안해 놓은 상태이다.(http://www. lawhome.or.kr 참고)

원에, 학교에 가면서 생활기록부라도 적으려면 어떻게 피해갈 도리가 없었고 새학년이 될 때마다 반복되는 과정을 너무나 고통스러워합니다. 저는 너무나 억울한 생각이 듭니다. 친아빠라는 사람은...얼굴도 모르는 것은 둘째치고라도 아이가 14살이 될 때까지 단 한번도 아이를 찾은 적이 없습니다. 단지 친부라는 이름만 호적에 있을 뿐. (http://www.lawhome.or.kr)

다음 남성의 이야기는 자녀의 성/본 변경이 합법적으로는 불가능하므로, 각종 편법을 이용하는 사례가 있다는 것을 보여준다.

저희 가족은 집사람이 전남편과 사별 후 저와 재혼하면서 데리고 온 초등학교 2학년 아들과 부부사이에 태어난 딸이 있습니다...장인 어른이 호적담당 공무원을 잘 알아서 처가 동네로 호적을 옮겨 담당자를 매수해 호적을 새로 만들려고 했으나 제가 장남인 관계로 그렇게 할 수가 없더군요. 친권자인 엄마가 서류상으로 친권을 포기하고 시설에 넘겼다 입양한 사례가 법원에 몇 차례 올라온 적이 있다기에 시설책임자를 찾아갔다 아이를 갖다 버리는 것으로 오해를 하는 바람에 할 수가 없었습니다...피 한 방울 안 섞인 아이지만 법적으로는 한 가족을 만들어 줘놓고는 우리 사회에서 최소한의 동질감의 표시인 '성'을 바꿔주지 않는다면 훗날 이 아이가 자랄 수 있는지 정말 의문이 듭니다. (http://www.lawhome.or.kr)

이외에도 학교에서, 은행에서, 친족모임 등에서 사생활 노출, 자녀의 일탈 가능성과 같은 재혼가족에 대한 위협은 도처에 있다. 특히 자녀의 성/본이 새아버지와 다르다는 것은 그렇지 않아도 불안요소가 내재한 재혼가족을 더욱 취약한 상태로 놓아둔다. 호주제도가 국가가 용인하는 가족제도라는 점에서, 이것은 국가가 가족을 지원하고 돌보기는커녕 그 해체와 불안정을 조장한다고 할 수 있다.

이혼 및 재혼가족 이외에도 그동안 우리사회를 지배해 온 호주제 도상 정상적 가족과는 다른 1인가구, 비친족가구, 집단가구, 소년소녀 가장가구, 동성애가구, 동거가구 등 '탈가족화' 현상이 지적된다. 이러한 새로운 가구/가족형태를 뒷받침할 각종 정책 및 사회적 장치가 필요하다.

(2) 새로운 제도: 민법안

① 자의 성과 본 변경

국회를 통과한 가족법안에서 자의 성과 본에 관한 조문이 크게 변화한 점은 아래와 같다. 먼저, 성과 본의 선정에 있어서 부성주의를 원칙으로 하되, 혼인신고시 협의가 되면, 모성을 따를 수 있다는 점에서 현행법에 비해 모성을 따를 수 있는 길을 더 많이 열고 있다. 둘째, 혼외자가 인지된 경우에도 자는 종전의 성을 그대로 유지할 수 있는 길이 열림으로써 현행법에서의 자동적인 부성주의와 차이를 보인다. 셋째, 자의 복리를 위하여 자의 성과 본을 변경할 필요가 있을 때에는 변경할 수 있는 길이 열렸다. 이는 '성불변(姓不變)의 법칙'을 유지해 온 한국의 성제도에 있어서는 혁명적인 변화라고 할 수 있다. 아래는 해당 법조문이다.

> 제781조(자의 성과 본) ① 자는 부의 성과 본을 따른다. 다만, 부모가 혼인신고시 모의 성과 본을 따르기로 협의한 경우에는 모의 성과 본을 따른다.
> ② 부가 외국인인 경우에는 자는 모의 성과 본을 따를 수 있다.
> ③ 부를 알 수 없는 자는 모의 성과 본을 따른다.
> ④ 부모를 알 수 없는 자는 법원의 허가를 받아 성과 본을 창설한다.

다만, 성과 본을 창설한 후 부 또는 모를 알게 된 때에는 부 또는 모의 성과 본을 따를 수 있다.

⑤ 혼인외의 출생자가 인지된 경우 자는 부모의 협의에 따라 종전의 성과 본을 계속 사용할 수 있다. 다만, 부모가 협의할 수 없거나 협의가 이루어지지 아니한 경우에는 자는 법원의 허가를 받아 종전의 성과 본을 계속 사용할 수 있다.

⑥ 자의 복리를 위하여 자의 성과 본을 변경할 필요가 있을 때에는 부, 모 또는 자의 청구에 의하여 법원의 허가를 받아 이를 변경할 수 있다. 다만, 자가 미성년자이고 법정대리인이 청구할 수 없는 경우에는 제777조의 규정에 따른 친족 또는 검사가 청구할 수 있다.

이렇게 새 법에서는, 어머니가 키우던 혼외자가 아버지에 의해 인지된 경우에도 어머니의 성/본을 그대로 유지할 수 있는 길이 열렸고, 이혼한 어머니가 전혼에서 낳은 자녀의 성과 본을 변경할 수 있는 가능성이 최초로 마련되었다. 이러한 제도는 이혼, 재혼, 사실혼관계가 증가하는 오늘날의 추세와 부합하고, 여성의 성적 자기결정권과 혼인 및 이혼의 자유권을 보호하고자 하는 목적에 부합하는 제도이다. 다만, 자녀의 성본에 관해서는 부성주의(父姓主義)가 기본원칙이 변화되지 않았기에 앞으로 남녀평등의 관점에서 성본제도를 새롭게 제도화해야 하는 과제가 남아 있다.

② 친양자 제도

개정안에는 친양자 제도가 마련되어 있다. 친양자 제도란 기존 양자제도와 달리, 입양과 함께 이전의 생친(生親) 및 친족관계는 종료되고, 양친과의 친족관계만을 인정하여 양부나 양모의 성과 본으로 변경하고, 출생할 때부터 부부의 혼인중의 출생자로 간주하는 양자제도이다. 현행 민법은 이러한 제도를 인정하지 않기 때문에

양자로 되는 자가 양부모 호적에 '양자'로 등재되고 친생부모와의 관계가 단절되지 않으므로 양부모가 양자로 삼는 아이를 친생자로 허위출생신고를 하여 자기 친생자로 호적에 등재하는 것이 일반화되어 있다.

이 제도는 '자의 복리'를 중심으로 한 현대의 양자제도 이념과 부합하고, 한국에서는 현실적으로 전혼관계에서 출생한 자의 입양을 위해 활용되거나 입양의 활성화를 위해 기여할 것으로 전망된다. 다음은 해당 조문이다.

> 제908조의2(친양자 입양의 요건 등) ① 친양자(親養子)를 하려는 자는 다음 각호의 요건을 갖추어 가정법원에 친양자 입양의 청구를 하여야 한다.
> 1. 3년 이상 혼인중인 부부로서 공동으로 입양할 것. 다만, 1년 이상 혼인중인 부부의 일방이 그 배우자의 친생자를 친양자로 하는 경우에는 그러하지 아니하다.
> 2. 친양자로 될 자가 15세 미만일 것
> 3. 친양자로 될 자의 친생부모가 친양자 입양에 동의할 것. 다만, 부모의 친권이 상실되거나 사망 그 밖의 사유로 동의할 수 없는 경우에는 그러하지 아니하다.
> 4. 제869조의 규정에 의한 법정대리인의 입양승낙이 있을 것
> ② 가정법원은 친양자로 될 자의 복리를 위하여 그 양육상황, 친양자 입양의 동기, 양친(養親)의 양육능력 그 밖의 사정을 고려하여 친양자 입양이 적당하지 아니하다고 인정되는 경우에는 제1항의 청구를 기각할 수 있다.

친양자 관련 정책에서 가장 논란이 되어 온 점은 친양자가 될 자녀의 연령 제한이었다. 2005년 3월에 통과된 개정안에는 15세 미만으로 조정되었으나 이전에 제출된 개정안에는 7세 미만으로 제한

되었다. 만약 연령을 7세 미만으로 제한한다면, 재혼한 어머니가 데리고 간 형제자매들의 성과 본이 연령에 따라 서로 다르게 되는 상황도 벌어지게 될 것이라고 우려하였다(http://www.lawhome.or.kr).

기혼여성의 입장에서, 친양자 제도는 주로 성과 본이 다른 전남편과의 사이에서 출생한 자녀에 대한 입양을 통해 현재 남편과 동일한 성과 본을 부여하는 제도로 활용될 수 있다. 다시 말해, 재혼한 여성은 전혼(前婚) 관계에서 출생한 자녀를 입양함으로써, 그들의 성과 본을 변경할 수 있게 된다. 이 제도는 현재 아버지와 자녀의 성과 본의 일치를 꾀함으로써, 재혼가족의 어머니 자녀들이 겪는 고통을 해소하는 의미를 가지지만, 그렇다고 어머니의 가족 정체성이 그것에 직접적으로 각인되게 하는 제도는 아니다.

어머니의 입장에서는 이혼과 재혼에 따라 자신의 친생자를 '입양하는' 부자연스런 행위를 통해 자녀의 성/본 문제를 부계성본주의에 순응하는 기형적 타협이라고 볼 수도 있다. 오히려 앞서 제781조 6항의 안과 같이, 자녀의 성본 변경제도를 활용하고, 기왕에 존재하는 이성양자제도에 성/본 변경의 길을 열어주고, 어머니의 성을 포함한 자녀들의 성 선택 및 변경 가능성을 열어주는 것이 바람직하다고 생각한다.

앞으로 개인과 가족의 다양한 선택으로 말미암아 함께 성과 본에 대한 문제제기도 점점 더 많이 일어날 것이라고 전망하며, 이를 대비한 제도적 인식론적 대책이 긴급히 필요하다. 하지만 현재의 가족법상의 가족은 실질적 삶과 관계로서의 가족 현장이 아니라, 부계 계승적 제도로서의 가족을 우위에 놓고 있다고 평가된다. 한국의 가족법은 부계계승주의를 무너뜨리지 않은 채 점증하는 다양한 가족형태를 수용하는 것은 불가능할 것으로 생각한다. 부계계승제도로서의 가족만이 전면에 부각될 때, 가족 안에서 행해지는 '보살 핌 활동(care activities)'에 대한 가치는 저평가되고 이에 대한 정책적 지원은 있기 어렵다. 이 점에서 2001년부터 시행되기 시작한 모성 정책은 가족의 보살핌 활동을 지원하는 국가의 태도를 잴 수 있는 하나의 바로미터라 하겠다.

3. 모성보호정책의 시각

앞에서 지적하였듯이 모성관련 정책은 1990년대의 여성정책 담 론의 상설의제로 되어 왔고, 여성단체의 요구에 의해 추동된 정책 요구는 남녀고용평등법, 여성발전기본법, 영유아보육법 등으로 결 실을 보았다. 하지만 이들 법에 기초한 모성보호정책이 가지는 한 계가 여성운동, 노동운동계에서 지적되고 수렴되면서 특히 1999년 과 2000년을 통해 모성보호관련법안의 대대적 개정을 촉구하게 되 었다. 남녀고용평등법·근로기준법·고용보험법 등 근로여성의 모 성보호 3법으로 구축된 새로운 '모성보호정책'은 모성보호의 내용, 재정 분담, 성역할을 보는 시각 등에서 이전 법과 일정한 차이를 보이는 정책이다. 이에 본 절에서는 먼저 1990년대에 시행된 모성 보호법률의 내용을 간략히 살펴본 후, 2001년 11월 1일부터 시행된 현행 모성보호정책에 초점을 맞출 것이다. 현행 정책에 대해서는 먼저 모성보호 관련 법의 내용을 살펴보고, 정책 시행 후 활용도 및 문제점을 논의할 것이며, 정책에서 보호되어야 할 모성에 대한 관점은 어떤 것인지, 특히 가족정책으로서의 모성정책이 가지는 한

[표 3-6] 1990년대의 모성보호입법

	남녀고용평등법	영유아보육법	여성발전기본법
제정	1987. 10. 30일 제정	1990. 12. 18 제정	1995. 12. 30 제정
의의 및 한계	· 입법사상 최초로 사업주에게 근로여성을 위한 육아휴직제도와 수유·탁아 등 육아시설을 의무화함. · 육아휴직 대상을 여성으로 한정	· 비용 지원은 저소득자녀 보육으로 한정(1조 & 21조) · 직장보육시설과 관련한 사업장의 규모를 '상시 여성근로자 500인 이상을 고용하고 있는 사업장'으로 함(7조).	· 한국의 여성정책에 대한 전반적 지침과 목적을 명시함. · 모성정책 관련조문을 제18조, 제23조, 제24조에 둠.
변화 내용	· 남녀차별 정의를 명문화하고 육아휴직 기간을 근속년수에 포함(1차) · 육아휴직 대상을 '근로여성 또는 그를 대신한 배우자인 근로자'로 확대(2차) · 유급육아휴직도입, 출산휴가제도의 사회보험분담화, 부모육아휴직제 도입 등 (4차)	· 영유아의 보육에 필요한 비용은 보호자가 부담하되(21조), 국민기초생활보장법 등이 정하는 저소득층 자녀에 대해서 국가 및 지방자치단체가 부담하는 원칙. · 시행령 개정(1995. 5. 19)으로 여성상시고용자 300인 이상으로 기준 변경[23]	· 5년마다 여성정책기본계획 수립 의무 명시 · 정책 수립의 주체를 '정부'에서 '여성부 장관'으로(제7, 8, 9, 13, 29, 31, 33, 35 등) 변경(3차). · 제23조의 명칭을 [영유아 보육 등]에서 [직장 및 가정생활의 병행]으로 변경(4차)

계 및 앞으로의 개선점을 제안하고자 한다.

1) 1990년대의 모성정책

1990년대에 모성정책은 주로 남녀고용평등법, 영유아보육법, 여성발전기본법에 관련조문을 두고 시행되었다. [표 3-6]은 해당내용을 정리한 것이다.

2) 현행 모성보호정책

(1) 내용

2001년 11월 1일부터 시행되는 현행 모성보호정책의 변화는 다음과 같다.

먼저, 여성근로자의 산전후휴가 기간이 지난 1953년 근로기준법 제정이후 48년만에 90일로 확대되고, 늘어나는 30일 부분만큼 산전후휴가급여가 신설·지급되게 되었다. 산전후휴가는 출산으로 인하여 손상된 모체의 건강을 회복할 수 있도록 일정기간 동안 휴양할 수 있도록 하는 제도로써 세계 모든 국가에서 시행하고 있는데, ILO에서도 산전후휴가를 14주로 권고하는 모성보호협약을 채택한 바 있으며, 중국, 일본 등 72개 국가에서 출산휴가기간을 90일 이상으로 규정하고 있다.

둘째, 산전후휴가 90일은 1인 이상 모든 사업장 근로자에게 적용되며, 휴가기간 중 60일분의 임금상당액은 현재와 같이 사용자가 지급하고, 연장되는 30일분의 통상임금에 상당하는 금액은 사용자가 추가 부담하지 않고 일반회계와 고용보험기금에서 지원한다. 다만, 고용보험에서 지급하는 30일분 임금은 보험재정에의 기여를 감안하여 산전후휴가 종료일까지 180일 이상 가입한 자에 한하여 지급하게 되었다. 산전후휴가급여는 휴가전 본인의 통상임금에 상당하는 금액으로 하고, 통상임금이 135만원을 초과하는 경우에는 135만원을, 통상임금이 최저임금에 미치지 못하는 경우에는 최저임금을 지급한다.[23]

---

23) 고용보험에서 지급하는 산전후휴가급여는 해당근로자가 산전후휴가 종료일 이전까지 고용보험에 180일 이상 가입하여야 하고, 산전후휴가 개시시점에서는

셋째, 육아휴직제도를 개편하여, 육아휴직을 하기 위해서는 생후 1년 미만의 영아가 있고 당해 사업장(1인 이상 전사업장)에서 1년 이상 재직하는 경우에 1년 이내의 육아휴직을 신청할 자격이 주어진다. 육아휴직 기간 동안 근로자에게는 매월 육아휴직급여 20만원을, 사업주에게는 육아휴직장려금 20만원을 각각 고용보험에서 지급한다. 또한 육아휴직을 이유로 해고 등 불리한 처우를 하지 못하며, 휴직종료후 복직보장을 법제화하였다.

넷째, 종전에 여성고용을 저해하는 요소로 지적되어 왔던 모든 여성근로자의 연장·야간·휴일근로 제한을 산업구조의 변화 등 시대조류에 맞게 여성특별보호 등의 조항을 대폭 완화하되 임산부의 모성은 강화하는 등 특성에 따라 합리적으로 조정하였다. 산업 안전 장치의 발달·보급 등으로 인해 취업환경이 개선되고, 여성취업의 확대를 위하여 여성에 대한 취업금지직종을 합리적으로 조정하여 일반여성에 대해서는 축소하고(6개 직종→1개 직종), 임신중인 여성에 대해서는 확대·강화(6개 직종→12개 직종)하고 취업금지직종을 지정할 필요성이 인정되는 경우에는 수시로 노동부장관이 산업안전보건정책심의위원회의 심의를 거쳐 고시한다.

마지막으로 남녀고용평등의 실효성 확보를 위하여 벌칙수준을 상향조정하였다. 현행법상 남녀차별적 해고(2년 이하 징역 또는 1천만원 이하의 벌금)는 근로기준법상 부당해고(5년 이하의 징역 또는 3천만원 이하의 벌금)와 그 궤를 같이함에도 벌칙이 현저히 낮아 그 형평을 유지하기 위하여 5년 이하의 징역 또는 3천만원 이하

120일 이상 고용보험에 가입되어 있으면 가능하다. 다만, 고용보험 당연적용 사업장에 고용되어 근로하면서도 사업장 또는 당해 근로자가 고용보험에 가입하지 아니하였을 경우라도 근로자가 신청하는 경우에는 소급하여 고용보험에 가입조치하고 산전후휴가급여를 지급하기로 하였다.

의 벌금에 처하도록 하였다. 현행 육아휴직을 이유로 불리한 처우를 한 경우는 500만원 이하의 벌금에 처하던 것을 3년 이하의 징역 또는 2천만원 이하의 벌금에 처하도록 상향조정하였다.

(2) 실효성과 한계

이와 같은 법제도의 정비는 커다란 성과라고 할 수 있다. 특히 정부 및 재계의 거센 반발 속에서 모성정책의 수립은 '모성'의 사회적 중요성을 가시화시킨 계기로서, 1990년대 이후 여성정책의 가장 중요한 성과라고 평가하지 않을 수 없다.

이러한 법제도에도 불구하고 2001년 11월부터 2002년 2월까지 육아휴직급여을 신청한 사람은 대단히 적어서 전국적으로 그 숫자가 전국에서 286명에 그친다고 보고된다. 이에 입각하여 단순 계산을 해 볼 경우, 2002년 한 해 육아휴직급여를 받게 되는 사람을 1600여 명으로 추산한다면 노동부가 목표한 7만 3천여명의 2.2%에 불과한 숫자이다. 2003년간 실제 산전후 휴가 사용자는 1월~6월 15,434명, 2004년 동기간에는 19,198명이었으며, 육아휴직 신청자는 2003년 1~6월 3,045명, 2004년 동기간에는 4,290명으로 증가세를 나타냈다. 산전후 휴가 급여 총지급액은 동기간 중 2003년의 159억원에서 2004년의 205억원으로 29.4% 증가했고, 육아휴직 급여 지급액은 지난해 동기간 중 41억원에서 85억원으로 106.9%로 대폭 늘어났다(서울/연합뉴스, 2004. 8. 4). 하지만 크게 증가된 2004년 모성보호 비용(290억원×2배 추정=580억원)을 모두 합한다 해도 2001년 모성보호정책 수립시 한국경제인총연맹의 추산액이었던 연간 8,500 억원의 6.8%, 노동부의 연간 1,657억원의 35%, 여성부의 1,366억원의 42.5%에 불과한 비용이다. 현재까지의 정책수행에서 모성정책의 한계점으로는 다음의 측면들이 지적된다.

그것은 첫째, 출산후휴가, 모성휴가를 제대로 실시하지 않는 기업이 많다는 점이다. 이 점은 모성보호관련법규를 위반하였을 시 업주 등에게 가해지는 처벌과 제재 수단이 약하다는 점에서 원인을 찾을 수 있다. 또한 산전후휴가의 급여의 30%를 기업측에서 부담하게 함으로써 정책실현에 있어 기업 부담이 높다는 한계도 지적된다(김태홍 외, 2003). 하지만 이러한 이유 이외에도 모성을 보는 사회와 기업의 시각 문제도 있다.

둘째, 휴가를 낼 수 있는 여성(노동자)의 수가 한정되어 있다. 현재의 모성정책에는 비정규직 여성, 자영업, 농어업 등에 종사하는 비임금 여성노동자가 누락되어 있다.

셋째, 남성 노동자의 활용률이 증가한다고는 하지만, 육아휴직의 사용에서 볼 때, 2004년 현재 남성은 여성의 2%에도 미치지 못하는 현상에서 모성보호제도에도 불구하고 육아에 관한 성별분업의 완고한 구조를 발견할 수 있다. 또한. 이 성별분업구조는 단지 모성보호제도 하나만이 아니라, 고용환경, 가족제도 등 다 측면에서 서로 협응하는 것이기에 모성정책만으로는 한계가 있다고도 지적할 수 있다.

넷째, 위의 지적과 연관하여 모성의 개념에서 '양육'이 남녀 부모가 공유하는 일로 전제해 버린 결과 현재의 모성 정책은 주로 출산에 관련된 정책으로 협애화되었다는 문제가 있다. 이는 전업주부이건 아니건 대다수 여성들이 수행하는 양육노동을 모성정책에서 제외시키고 이에 대한 적절한 사회보장과 분담을 마련하지 못했다는 한계로 이어진다. 또한 모성정책이 '일하는 여성'을 위한 정책으로 자리매김되면서 가족내 역할분담 및 여성의 자녀양육 활동에 대한 가치 평가와 같은 가족정책과 유기적으로 연결되지 못한 허점을 낳게 된다. 이와 같은 모성정책의 시각은 이하에서 논의하기로 한다.

3) 모성보호정책의 시각

여기에서는 모성보호정책에 내재한 시각을 보다 자세히 살펴보기로 한다. 특히 정책을 수립하는 과정에서 해당 정책입안자들이 가지고 있었던 모성보호정책에 대한 시각을 주로 담론 분석을 통하여 비판적으로 검토해 보고자 한다.

(1) 경제적 비용 중심

1990년대 말 모성보호정책은 관련법의 개정과 제정으로 압축되면서 2000년에는 국회에 개정안이 제출되고 2001년 본격적인 입법절차를 거치게 된다. 2000년 6월 29일 김정숙 의원 외 132인이 근로기준법, 남녀고용평등법, 고용보험법, 국민건강보험법에 대한 개정안을 제출하고 2000년 11월 25일 한명숙 의원 외 117인이 근로기준법, 남녀고용평등법, 고용보험법에 대한 개정안을 국회에 제출하였다. 2000년 12월 5일에는 이상의 두 의원이 대표 발의한 '모성보호법안'이 환경노동위원회에 상정되어 소위에 회부되었다. 그러나 이 법안은 환노위의 법안심사위원회를 통과했지만 몇 달 째 본회의에 상정되지 못하고 미루어지다가 2001년 4월에 들어서야 비로소 환경노동위에서 재논의가 시작되었다. 재논의의 시작과 더불어 재계와 여성계의 대립이 점차로 첨예해졌는데, 핵심 쟁점은 비용의 추계에 대한 것이었다. 재계는 모성보호비용을 연간 최대 8,500억원의 추가 비용이 든다고 추계하였으나, 여성노동법개정연대회의가 추산한 비용은 1,366억원, 노동부도 1,657억원에 불과하다고 하여 큰 차이를 보였다. 이 차이는 주로 육아휴직비용 계산에서 나온다. 여성계는 연간 611억 원으로 잡은 반면 재계는 7,650억원으로 잡았다. 여성계는 가임여성근로자(13만 2,560명)의 20%가 육아휴직을 신청하고 남성근로자의 경우는 1999년 이 제도가 시행된 후 단 2명의 신청자가 있었다는 점을 들어 0%로 잡아서 연간 632억원을 추가 비용으로 제시했다. 반면 한국경영자총협회(경총)는 남녀 모두 연차적으로 100% 신청할 것을 전제로 계산하여 남녀 근로자 36만여 명이 신청할 경우 드는 30일분 추가 인건비만 7,650억원으로 계산했다. 경총은 모성보호법이 통과되면 추가 인건비용이 늘어 기업이 여성 채용을 기피하게 될 것"이라고 성명을 발표했다(동아일보, 2001. 4. 22).

한편, 노동부는 '고용보험기금 중기재정추계' 자료를 통해 "모성보호법 개정안이 시행될 경우 고용보험기금에서 2003년부터 적자가 발생할 것"이라며 연도별 적자규모를 2003년 1,078억원, 2004년 1,964억원, 2005년, 2,504억원 등으로 추산하고 법시행 후 소요될 출산휴가 및 육아휴직 급여 등 모성보호비용에 대해서는 2002년 2,672억원, 2003년 3,587억원, 2004년 4,230억원, 2005년 4,894억원 등으로 예상했다(동아일보 2001. 4. 25). 다른 한편, 경총은 "제도 도입에 따른 비용도 사회분담 원칙이 아닌 기업의 일방적 부담을 전제로 하고 있어 산전·후 휴가 확대와 유급 육아휴직제 도입에만도 매년 3조 6000여억원이 추가로 소요된다"고 예측했다(내외경제신문, 2000. 11. 20).

이렇게 육아휴직에 관해서만 볼 경우에도 여성계와 재계의 총비용 추산액은 약 9배 가량 차이가 났다. 이러한 추산의 큰 차이는 우선 모성보호를 바라보는 서로의 입장의 차이라고 할 수 있을 것이다. 하지만 모성의 현실적 요구가 무엇인지에 대한 신뢰할 만한 자료가 마련되어 있지 않다는 보다 근본적 문제가 있다고 보인다. 법시행 후 출산후 휴가 및 육아휴직에 대한 이용률은 이러한 예상에 크게 못 미친다. 이 점에서 다음과 같은 근로여성의 모성보호의 실태자료의 부족과 부재라는 지적은 시사적이다. 이것은 모성 활동의 어려움, 딜레마, 요구 등 모성의 '현실'에 관한 자료가 별로 마련되어 있지 않은 채 모성정책을 수립한다는 것을 나타낸다.

(정영숙, 한국노동조합총연맹 여성국장)
"잠깐 여성노동의 현실을 한번 짚어보겠습니다. 1998년 통계청 조사에 의하면 여성노동자의 71%가 근로기준법의 모든 조항을 적용 받지 못하고 있다는 것입니다. 영세규모 사업장에 종사함에 따라 고용 자체가 매우 불안정한 상태에 있음에도 불구하고 지금 현재 4일 이하 사업장에는 1999년 1월부터 적용이 되고 있는데 4시간 근무당 30분 휴게, 요양보상, 주휴일과 산전후 휴가 등 일부 조항만 적용되고 있습니다. 그럼에도 아직 4인 이하 사업장에 근로기준법이 제대로 준수되고 있는지 없는지조차 파악이 안 되고 있는 실정입니다."(여성특위, 1999: 41)

모성이 놓여 있는 맥락을 이해하기 위해서는 현재의 '모성' 개념인 임신과 출산이 놓여져 있는 사회적 환경에 대한 고찰이 기초적으로 필요하다. 출산율과 결혼율의 저하와 함께 초혼연령의 변화는 한 사회의 인구증가율과 밀접히 관련되며,24) 이러한 의미 이외에도

---

24) 초혼연령과 함께 산모의 평균연령도 늦춰지고 있다. 2001년 30살 이상의 산모가 출산통계 사상 처음으로 전체 산모의 절반을 넘는 50.2%를 차지한 것으로 나타났다. 30살 이상의 산모 비율은 1997년 27.7%, 1998년 30.1%, 1999년 30.6%, 2000년 39.8%로서 급속히 증가해왔다(한겨레신문, 2002. 3. 12).

결혼이 개인들에게 가지는 의미의 변화를 나타낸다. 하지만 이것은 단순한 가치관의 변화라기보다는 개인의 삶에 대한 사회적 지지기반이 미비한 현실에 대한 대응을 나타낸다. 여성이 결혼하고도 안정적으로 일할 수 있는 구조가 아니고 보육, 교육, 의료 문제 등 생존에 필수적인 일들이 오롯이 가족의 몫으로 남아 있는 현실이 복합적으로 작용하는 것이다. 출산율의 저하는 이렇게 출산과 양육에 대한 가족의 책임으로, 가족 안에서도 여성의 책임으로 전가된 상황이 노동시장 및 경제적 여건 등과 교차되면서 산출된 결과라고 읽혀진다. 이렇게 볼 때, 여성계 등이 가임 근로여성의 20%가 1년 동안 육아휴직을 신청할 것이라는 예상은 어떠한 자료에 입각한 것인지 의심스럽다. 근로여성의 가임기간을 15년(25세~40세)으로 잡고 예상 자녀수를 1.5 정도라고 할 때 가임 근로여성의 20%가 1년 동안 육아휴직을 신청할 것이라는 계산의 근거를 이해하기 어렵다.

(2) 국가 경쟁력이라는 시각

1990년대 특히 국회에서 국가경쟁력은 모성정책담론의 큰 틀인 것으로 보인다. 1990년대 전반기에는 여성정책이 여성의 권리나 복지의 차원이 아니라 국가발전을 위한 자원 혹은 노동력의 향상에 초점이 있었다고 할 수 있다. 아래에서는 그 전형적 담론으로서 김창숙 의원의 의견을 살펴보기로 하겠다.

김창숙 의원(1991. 4. 27)[25]
"과연 우리 사회는 이렇듯 중요한 여성인력의 활용이 어떻게 이루어지

---

25) 괄호 안은 회의 시기를 나타내며 이하 인용문에서 강조는 모두 인용자의 강조이다.

고 있는가를 생각하면서 몇 가지 질문을 하겠습니다......여성을 차별하
거나 여성에게 불리한 규정을 두고 있는 법률, 즉 민법, 세법, 국적법
등이 있습니다......다음으로 유휴여성노동력의 활용문제입니다......남아
도는 여성인력으로 충당할 수 있는 방안이 있을 것으로 생각되는
데......"(154회 8차: 299)

이러한 담론에서 여성은 여성인력의 관점에서, 다시 그것은 '남
아도는 노동력'으로서 의미가 부여되고 있다. 1990년대 후반기가
되면 1990년대 초반기 및 이전에 나타났던 여성인력담론이 모성과
결부되어서 의제화된다. 다음은 여성 노동력 문제와 결합된 모성에
관한 당시의 전형적인 의견들로서 모성보호 의제가 주로 비용의 문
제로 고착되는 현상이 현저하게 나타난다.

홍기훈 의원의 국무총리에 대한 질문(1995. 12. 8)
여성의 고용촉진과 고용평등: "기혼여성의 노동시장 진입을 위한 노력
은 필연적으로 정부나 사회, 기업이 맡아야 합니다. 이를 위한 정부의
방안을 밝혀 주시기 바랍니다. 모성보호비용의 사회적 분담은 궁극적
으로 바람직합니다......모성보호비용의 사회화 방안의 구체적인 내용을
밝혀주시기 바랍니다. 여성인력양성체계 문제입니다."(117회 17차:
1-3)

국무총리 이홍구 답변(동회)
"정부는 기혼여성 등 여성유휴인력을 산업인력화하는 것이 여성의 사
회참여를 확대하고, 인력난을 해소하여 산업의 경쟁력을 강화할 수 있
는 것으로 판단하고 있습니다. 따라서 정부에서는 기혼여성의 노동시
장 진입 등 사회참여에 가장 큰 애로가 되고 있는 부족한 보육시설을
확보하기 위하여 영유아보육시설 3개년 확충계획(95~97)을 수립하여
97년까지 보육시설 약 7,600개소를 증설할 계획이며......현행 사회보장
체제의 틀 내에서 기업의 여성고용비용 부담을 완화해 줌으로써 기업
의 여성인력활용을 유도하고자 출산휴가의 경우, 현행 고용주가 전액

부담하는 급여방식을 탈피하여 사회보험 등 공공부문에서 분담하는 방안을 '국민복지기획단'에서 검토 중에 있으며 육아휴직의 경우 현재 고용보험에서 월 8~12만원의 육아휴직장려금을 지원하고 있습니다."(117회 17차: 3-4)

이러한 담론들에서 모성은 무엇인지 새롭게 정의되지 않은 채, 국가를 위한 노동력인 여성노동력에게 부가된 요소이기에 국가가 이를 위해 지원해야 할 대상으로 자리매김된다. 여기에서 여성과 모성, 그리고 여성노동자들은 국가 혹은 남성의 시혜의 대상으로서 다시 한번 의미가 부여된다고 할 수 있다. 이러한 맥락에서 "모성이 건강해야 기업도 이득"이라는 국가 및 기업경쟁력 담론은 여성에 대한 후원자적 시각을 지속시킬 위험성이 있다. "모성보호법의 시행은 여성에게 특혜를 주는 차원이 아니라 인구정책, 노동력 재생산 측면, 국가발전 측면에서 접근해야 하는 문제다"(한명숙 장관 인터뷰, 문화일보 2002. 3. 8)"라는 담론처럼 모성정책을 국가와 사회의 틀 속에서 정당화할 때, 여성을 중심으로 한 모성에 대한 의미부여의 공간이 열리기 어려울 것이다.

(3) 여성노동정책이라는 시각

모성보호정책은 애초부터 여성노동의 문제로 틀지워진 것을 발견할 수 있다. 1990년대의 모성정책은 여성노동, 주로 근로여성의 노동조건에 대한 관점에서 정책의제가 되어왔다. 이에 따라 모성정책의 목표는 "여성노동자가 인간으로서의 존엄과 가치는 물론 여성이 성별에 관계없이 평등한 고용기회와 대우를 보장받고 고유한 모성을 보호받으며 남성과 함께 건강하고 안전한 근로조건에서 경제적 활동에 참가하는 동시에 가족을 형성하고 유지할 수 있는 평등권과 노동권, 모성보호권 등의 기본권을 실현하는 것(김엘림, 1994)"으로 규정된다, 이것은 국회에서 개진된 담론에서 나타나듯이, 모성정책이 기혼여성노동자에 관한 정책이라는 성격을 띠고 있기 때문이라고 할 수 있다. 다른 한편 모성보호정책을 지원의 관점에서 바라볼 때, 지원의 대상을 비근로여성에게 확대함으로써 그 부담을 확대할 필요가 없다는 전략적 선택의 측면도 없지 않다고 할 수 있다. 다음은 1990년대의 여성운동계에서 바라본 모성보호 담론이다.

〈 1990년 사업평가 〉
중점사업: "평등한 노동, 건강한 모성"을 내걸고 그 방향으로서 1) 모성보호에 대한 사회적인 재평가가 이루어질 수 있도록 각급 여성대중의 모성 파괴의 실상을 폭로하고 모성보호는 기본적인 노동권으로서 쟁취되어야 함을 선전하고, 이를 위해 구체적인 성과를 가져올 수 있는 사업의 우선 순위를 통해 사업을 전개토록 한다. 2) 이를 통해 여성의 평생, 평등 노동권을 확보하는 데 주력한다는 것이었다. 이런 방향에서 추진된 제 과정을 평가하자면, 올 1년간의 사업진행을 통해 여성운동뿐 아니라 전 사회적으로 모성보호에 대한 인식을 새롭게 되새겨보는 계기가 되었다.(여연, 1991: 3-4)

〈 1994년 사업방향 〉
여성의 고용안정과 모성보호의 사회제도적 확충을 위한 사업:
노동부의 '근로여성복지종합계획' 및 남녀고용평등법, 근로기준법 개정 움직임과 관련하여 여성의 비정규직 고용의 실태 및 여성고용 안정을 위한 법 제도적 개선방안에 대한 정책연구, 산전휴가, 육아휴직 등의 모성보호 비용의 사회화 방안에 대한 정책연구, 제도적 대안책을 제시하는 활동을 전개한다.(여연, 1995: 2)

먼저 주목되는 것은 모성의 문제가 출발부터 '노동의 문제'로서 개념화되었다는 것이다. 즉, 여성의 평등한 평생 노동권을 보장하기 위하여 모성이 보호되어야 한다는 것이지 그 역도 아니며 그 외도 아니다. 여기서 노동하지 않는 여성의 모성은 국가의 정책 대상이 아닌지, 또 과연 노동하지 않는 여성이란 누구인지와 같은 질문이 남아있게 된다. 이 결과, 전업주부, 계약직, 시간제, 계약제 및 비공식 부분의 여성노동자의 모성은 정책의 대상에서 제외될 소지가 커진다. 즉 현행 모성정책은 가족 안의 여성이 아니라 가족 밖의 여성의 임신과 출산에 관한 정책임이 분명하다. 더 나아가 현행 모성정책은 가족내의 성역할의 변화, 출산을 요구하는 가족제도의 변화와의 연결고리를 별로 발견할 수 없다.

다음으로, 모성보호에 대한 철학적·법적 논리가 불명확하다. 모성이란 '보호'를 전제로 하면서 여성의 평등노동권의 관점에서 의제화되었다는 점에서 매우 특이한 성격을 가진다. 한국의 여성운동의 담론에서 모성은 보호받아야 할 것을 전제로 하면서 이것을 남녀의 평등노동권의 관점에서 구성되었다고 본다. 국회여성특별회에서의 모성보호 정책(근로여성의 모성보호관련법)에 관한 논의에서도 이와 유사한 여성과 모성보호의 나름대로의 논리를 발견할 수 있다.

> "국회 여성특별 위원회 전문위원실에서는 IMF 이후 여성에 대한 우선 해고 및 여성고용 기피현상에 주목하고 <u>근로여성의 모성보호와 관련된 우리나라의 현행 정책 및 법령들에 관하여 국제적 기구의 권장기준 및 세계적 입법추세와 비교 검토한 결과 모성보호는 강화함과 동시에 모성보호비용의 사회분담화가 요구되며 여성특별보호는 완화하는 조치가 필요하다는 결론에 도달하였으며,</u> 그 구체적인 개선과제들을 다음과 같이 검토하였음."(여성특위, 1999: 9)

여기에서 모성보호는 강화함과 동시에 여성특별보호는 완화하는 조치가 필요하다는 결론은 매우 독특한 입장이다. 서구에서 '모성보호' 자체는 여성의 남성과의 생리적 차이에 주목하는 여성에 대한 특별조치라고 이해되어 왔다. 동등조치의 입장에서 임신과 출산이란 남성 노동자도 겪을 수 있는 노동장애(inablity to work)의 리스트에 포함됨으로써 남성과 '마찬가지'의 대우 대상이 된다는 것이다(Williams, 1984; Kay, 1985). 하지만 한국의 모성보호정책에서 모성이란 주로 임신과 출산에 국한된 생리적 측면을 의미하기에, 여성의 고유한 생물학적 차이를 모성정책의 전제로 삼고 있다고 평가된다. 이와 함께, 양성간 평등과 불평등, 동등대우와 특별대우와 같은 기준의 마련은 모성에 대한 정책적 태도를 수립하는 데에 있어서 중심적 의제임에도 불구하고 그러한 논의를 별로 찾아보기 어렵다. 앞으로 모성에 대한 법의 처우를 논하기 위해서 이와 같은 여성주의 법이론의 성숙이 필요하다. 또한 여성의 모성보호를 단지 여성의 일할 권리로 바라보는 관점을 넘어서서 '아이를 낳고 기를 권리'에 관한 새로운 관점으로 인식할 수 있는 철학이 요청된다.

(4) 모성은 '자연'이라는 시각

저조한 출산율과 관련하여 하나의 수수께끼가 있다. 그것은 앞에서 논의한 바와 같은 가족법상 가족제도가 존재함에 따라 여성의 출산에 대한 일정한 사회적 기대 내지 강요가 지속됨에도 불구하고 어떻게 이와 같이 낮은 출산율이 가능하게 되었는가이다. 이것은 이 1.47이라는 2000년 현재 합계출산율이 그저 '낮다'가 아니라 어떤 강제성을 띤 한계수치로서 읽힐 수 있다는 것을 뜻한다. 다시 말해, 이는 사회성원들, 특히 여성들이 자발적 '선택'의 결과이면서 동시에 사회적 필요(imperative)에 대한 최소 적정치의 의미를 가진다고 할 수 있다. 즉, 출산율이 아무리 낮을지라도 그것이 '가족'의 필요에 의해 최소로 적정하게 유지될 것이 전망된다면 국가가 이에 대해 지원할 필요는 약해진다는 것을 지적하면서, 앞으로 이 숫자의 의미에 대해 앞으로 보다 연구할 필요성을 제기하고자 한다. 그동안 한국사회에서 결혼과 출산간에는 대개 등식이 성립되며, 이 등식은 다시 여성의 생물학적 기능과 연결됨으로써 여성=결혼=출산 간에 문화적 등식이 성립되어 있다고 할 수 있다. 하지만 국가에 의한 모성의 사회적 지원이란 가족 속에 맡겨진 모성에 대한 의미변화를 필요로 하고, 또 그것을 수반하는데, 이상의 담론에서 볼 때 모성에 대한 새로운 의미가 만들어졌다고 보기는 어려울 것 같다. 다음은 모성관련법이 한창 논란이 되던 2001년 4월, 어느 국회의원의 말이다.

> 자민련 조희욱 의원(2001. 4. 16)
> <u>우리 어머니요, 나 낳아놓고 이틀만에 부엌에서 밥했어요.</u> 그리고 지금 85세인데 7남매를 기르면서, 아주 건강하세요……제가 시골의 농촌주부들한테 앙케이트 조사를 했습니다. "60일과 90일 어떻노?" 하고 내가 물어봤어요. "90일 주면 어떻노?" 좋대요. 그러면 "60일은?" "<u>우리나라는 60일도 괜찮아요. 60일도 끄떡없습니다.</u>" 이렇게 얘기해요. 왜 그런 것을 물어보느냐고 하길래 <u>나는 대답 안하고 그냥 올라왔습니다.</u>
> (제220회 국회 환경노동위원회회의록 제1호)

이러한 담론에서 '모성'이란 임신하고 출산하는 생물학, 아니 우리 모두가 알고 있는 자연스러움 그 자체이다. 이렇게 애초에 모성은 우리 모두가 알고 있다고 생각하는 임신과 출산으로, 모성보호는 출산휴가 문제로 축소되면서 모성의 무엇이 문제인지 재론될 필요가 없어진다. 모성은 명백하게 '거기에 있고' 국가가 그것에 대해 보호해야 할 정책대상이 될 뿐이다. 이와 같다면, 모성에 대한 국가적 지원이 "좋은 일"이라는 말은 과연 사실일까.

[시론] 모성보호법
모성보호란 좋은 것이다. 이에 반대할 사람은 없다. 그러나 여성계 주장대로 모성보호관련법 개정취지가 여성인력활용 향상과 생산성 증가에 도움이 되는지는 따져보아야 한다.(조선일보, 2001. 5. 16)

모성보호는 좋지만 현실적이지 않다는 논거는 결국 "모성보호를 왜 해야 하는지"에 관한 사회적 합의가 이루어지지 않은 상태라는 것을 의미한다. 모성의 '현실'이 어떤 것인지 그것이 어머니의 일상과 일생에 무엇을 의미하는지, 묻지도 않은 채 더 크고 더 긴박한 현실이 항상 존재한다. 이는 여성의 자연으로서의 모성 개념이 성찰되지 않은 채 지속되는 효과로서 읽혀진다. 만약 가족 안에서의 임신과 출산에 대한 압력이 지속되지 않는다면, 가족내에서의 여성의 모성역할의 전담이 담보되지 않는다면, 출산율이 1.5 이하로 떨어지고 많은 여성들이 일터로 나간 상황에서 이렇게 '자연스런' 모성관이 지속될 수 있을까.

이런 시점에서 볼 때, 먼저 모성보호정책의 수립에 있어서 경제적 비용에 대한 고려가 말할 나위도 없이 필수적 사안이지만, 이른바 여성계조차도 비용의 문제로 모성정책의 초점을 축소한 것의 문제점을 근본적으로 지적하지 않을 수 없다. 비용중심의 사고와 함께 모성역할이 '최소화'시키고자 하는 동력으로 작용하여 모성을 생물학적 개념에 머무르게 되는 경향과도 상호작용하였을 것이다. 여성단체 및 여성특위에서 제안된 법 개정안에서도, 생리, 임신, 출산 등 '생리적' 모성과 3년 정도의 초기 양육기간만으로 모성정책의 대상으로 국한시킴으로써 자녀양육과 보살핌의 차원이 모성에서 대거 삭제되었다. 현재 시행되는 모성보호법에서 육아휴직은 1세 이하의 자녀를 둔 부모가 신청할 수 있는 제도로 한층 한정되었다. 여성특위의 논의에서 보면 양육활동은 '모성'이 아니라 '부모됨'의 역할로서 모성과 구분하는데, 현실적으로 모성과 양육은 뗄 수 없는 관계에 있다. 1년 혹은 3년 이후의 양육과 교육 역시 여성이 전담하고 있는 모성활동이며, 그러한 장기적 복무야말로 거의 모든 어머니들의 일상을 지배하고 있다(심영희, 정진성, 윤정로, 1999).

모성의 사회적 · 인간적 가치를 새롭게 평가하지 않은 채, 여성과 가족의 '자연스런' 책임으로 권력이 작동하는 모성제도에 대한 문제를 제기하지 않은 채, 국가와 사회가 무슨 이유로 그 비용을 지불하려 할 것인지 의문이다. 2001년 현재 모성정책이 부딪치고 있는 기업과 국가로부터의 반발은 필요한 자원 부족뿐 아니라 모성정책의 가치에 대한 충분한 사회적 공감의 부족에도 기인한다. 모성은 여성노동자의 인력의 활용 또는 더 나아가 한 사회의 경쟁력의 문제일 뿐 아니라, 생명의 존엄성을 지키기 위한 활동이다. 그런데 모성정책을 사고함에 있어서 생명을 낳고(출산) 기르는 것(양육)의 의미와 가치에 대한 논의를 거의 찾아볼 수 없다는 것은 의아한 일이다. 서구 여성주의에서 풍미한 보살핌(caring)의 윤리와 논리, 즉 모성에 대한 옹호론은 한국의 모성정책에서도 반드시 짚어져야 할 영역이다(Held, 1993; Ruddick, 1989; Gilligan, 1982). 모성이 '보호'의 대상인지 혹은 긍정의 대상인지와 같이 모성에 대한 새로운 의미부여가 이루어지지 않는다면, 이미 사회적으로 가치 절하되고 당연시된 '여성의' 모성역할 및 모성활동에 관한 사회적 지원을 어떻게 끌어낼 수 있을까. 인구재생산이란 여성만이 아니라 사회구성원의 공동책임이라면, 남성과 비출산인구 역시 모성에 대해 일정하게 책임을 공유한다는 것을 의미한다. 모성활동은 가정과 일터, 사적장소와 공공장소에 걸쳐 있으며, 비용뿐 아니라 남성가족원의 태도변화, 양육 및 교육시설, 작업장의 근로조건, 운영원리, 공간구성의 변화까지 수반하는 것이다. 나아가 모성활동의 사회적 공유를 위하여 무엇이 변화되어야 하는지에 대한 창조적인 논의가 필요하다. 이상과 같이 볼 때, 한국의 모성보호정책은 그 정책이 입안하고 있는 철학적 · 여성주의적 · 법리적 기초가 엄격하게 개진되지 않았고, 모성의 요구 및 활동에 대한 경험적 자료에 충실히 입각하지 않았다고 평가된다.

4. 맺음말

이상과 같은 고찰에 입각하여 앞에서 논의한 가족제도와 모성보호 정책간의 연관성이라는 각도에서 앞으로의 과제를 제안하고자 한다.

먼저 모성정책에서 모성이란 임신과 출산 등 '자연스런' 모성관에서 탈피하여 기르고 보살피는 '활동으로서의' 모성으로 재규정되어야 한다. 이를 위해서는 여성정책으로서의 모성정책은 자녀양육에 대한 성별 역할분담의 구조로 기능해 온 가족제도의 변화와 반드시 공동보조를 취해야 할 것으로 본다. 모성활동의 사회적 공유를 위해서는 기존의 모성개념의 사회화가 필요하다고 하였다. 모성이란 생물학적일 뿐 아니라 다양한 사회적 기제 및 사회적 관계와 연루된 사회제도이다(Fineman, 1991). 모성은 여성의 몸과 성 등을 둘러싸고 있는 경제적 이해와 정치적 권력관계와 무관할 수 없다. 따라서 여성주의적 모성정책을 위해서는 일차적으로 생물학적 모성관으로부터 벗어나 모성을 여성의 선택, 여성의 권리의 문제로 재규정해야 한다. 하지만 가족의 '대'를 잇도록 하는 가족제도가 존재하는 한, 출산은 개인 여성과 부부가 아니라 가족적 사안이라고 할 수 있다. 그러나 호주제도와 같은 부계계승제도가 존재하는 한, 여성의 출산은 국가와 사회에 대한 기여라기보다는 사적 가족의 필요로 자리매김된다. 이렇게 모성활동이 사회적 분담의 대상이 되기 위해서는 가족안의 제도적 압력, 출산에 대한 사회적 압력이 사라져야 하고, 여성에게 성별분업을 강제하는 제도가 철폐되어야 한다. 여성들이 가족 속에서 출산에 대한 압력과 통제를 받고 있는 한, 여성들이 출산을 가지고 국가와 협상하기가 어려우며, 국가의 입장에서 출산과 양육을 사회적 비용의 지불 대상으로 규정할 필요가 별로 없어질 것이다. 이 점에서 가족제도의 성평등한 개편과 모성활동의 사회적 분담은 서로 엇물려 있는 과제이다.

한국 국가는 가부장적 가족을 통하여 여성 및 그들이 행하는 모성역할을 비용 지불 없이 누려왔다고 할 수 있다. 현재의 낮은 출산력은 그와 같은 국가의 무지불에 대한 저항이자 적응이라고 할 수 있다. 출산과 가족과의 결박이 느슨해진다면, 양육을 포함한 가족의 복지활동에 대한 국가적 책임은 증가될 것이다. 또한 가족법이 다양한 가족형태를 인정하는 방향으로 개정될 때 기혼 여성의 모성뿐 아니라 미혼모, 이혼모, 재혼모의 모성 역시 정책적 지원과 배려의 대상으로 재규정하게 될 것이다.

둘째, 가족법에서 여성과 어머니들이 행해온 보살핌 활동에 대한 가치를 적극적으로 인정하는 법제도가 마련되어야 한다. 그것은 현재 호적, 성/본 등에서 절대적으로 우위인 부성중심제도의 해체이며 어머니의 자녀에 대한 권리의 강화를 통해서 이루어질 것이다. 이 글에서 제안한 대로 호주제도의 폐지 및 이후 신분등록제의 성평등적 대안마련, 여성의 재산상의 지위 확보, 이혼/재혼 가족에 대한 차별금지, 자녀의 성/본 제도의 개선이 보살핌 중심의 가족으로 나아가는 데 시정해야 할 기초이다.

셋째, 모성의 상황과 요구에 대한 자료가 제한되어 있다. 여성근로자의 모성지원에의 요구가 어떤 것인지, 모성의 딜레마는 무엇인지, 기업과 동료들의 고충은 어떤 것인지 등에 관한 자료가 제대로 마련되어 있지 않은 채 정책을 수립한다는 것은 위험한 일이다. 작업장의 자료뿐 아니라 가족 속에서, 지역사회 속에서 여성들이 겪는 모성의 현실과 요구에 대한 자료가 미흡하다는 문제점도 지적할 수 있다. 국제기준의 적용뿐 아니라 모성 역할을 담당해온 여성들의 요구와 맥락이 정책을 수립하는 기준과 자료가 되어야 할 것이다.

그동안 한국가족법상의 부계중심적, 부성중심적 틀은 가족의 실질적 삶의 내용을 드러내지 못하게 하는 억압적 틀이라고 평가한다. 제도적 질서에 가려진 채 가족내의 실제 활동, 필요, 관계가 가시화되지 않았다는 것이다. 따라서 앞으로 필요한 것은 제도가 아니라 활동으로서의 가족의 새로운 인식틀을 만들어야 한다는 것이다. 이를 위해 가부장적 정상성 모형을 넘어서 다양성을 인정하는 가족모형과 '피'가 아닌 보살핌 관점이 요청된다. 보살핌 활동과 철학을 중심으로 가족을 새롭게 바라보고, 그러한 활동과 철학을 사

회가 공유할 수 있도록 하는 가족정책의 큰 틀의 변화가 필요한 시
점이다.

4

1990년대 이후 여성운동과 법
—성폭력·가정폭력·성희롱에 대한 대응의 검토

한 인 섭

1. 서 론

1990년대는 "여성에 대한 폭력"(violence against women, gender violence)에 대한 본격적인 법적 대응이 이루어진 시기라 할 수 있다. 1990년대 여성운동은 반성폭력운동에 집중하였고, 그에 따른 법적·정책적 성과를 만들어냈다. 비록 성폭력을 둘러싼 사회적 환경 자체를 근본적으로 변화시켰다고 말하긴 어렵겠지만, 기존의 관행에 충격을 가하고 새로운 접근의 가능성을 열었다고 할 수 있을 것이다.

1990년대의 반여성폭력에 관련된 법적 성과는 무엇보다 여성운동의 산물이다. 여성운동은 사회운동적 방법과 함께, 소송·입법·정책을 통한 종합적 대응을 추진했다는 점에서 상당부분 법률운동의 모습을 띠고 있기도 하다. 민주화 이후의 열린 공간은 그러한 여성의 주장들을 제도권 내로 수용하는 데 일조하였다.

여기서는 1990년대 이래 전개된 "여성에 대한 폭력"에 대한 대응을 성폭력, 가정폭력, 성희롱을 중심으로 살펴보되, 1990년대의 성과와 문제점을 짚어봄으로써 2000년대 이후의 전망과 과제를 짚어보고자 한다.

2. 1990년대 반여성폭력운동의 전개

1980년대까지 여성에 대한 폭력에 대한 대응은 전체 민주화운동의 한 부분으로 포함되어 전개되었다. 반독재민주화운동이 주축을 이룬 상황에서는 성폭력·가정폭력 등의 이슈는 독자적으로 제기되기 어려웠다. 피해여성들이 자신의 피해사실을 드러내고 증언하는 형태였다. 그러나 그것에 대한 조직적 지원체계는 갖추어져 있지 않았다. 그러한 과정에서 1983년 '한국여성의전화'가 창립되었다. 여성의 전화는 아내구타 문제를 본격적으로 제기하였으나, 다른 민주화운동에 밀려 주목을 받기 어려웠다. 1980년대 중반까지 여성에 대한 폭력은 피해자의 차원에서, 그리고 조직적 차원에서 제대로 문제로 제기되고, 다투어지는 수준에 이르지 못했다.

다른 한편 민주화운동에 헌신한 여성에 대한 탄압들이 있었다. 1970년대 후반 동일방직 여성노동자에 대한 오물투척사건 등 여성노동운동에 대한 탄압이 있었다. 경찰서 내에서의 운동권 여성에 대한 성고문 등이 문제되었으나, 공론화 차원에 이르지 못했다.

1986년 부천서 성고문사건의 폭로와 투쟁은 이러한 관행에 대한 일대 도전이었다. 노동운동을 하기 위해 대학생 신분을 숨기고 공장에 '위장취업'한 혐의로 연행된 한 여대생이 경찰서에서 조사받던 중 성고문을 당했다. 그러한 관행은 일제시대 이래 경찰수사에서 간간히 이루어졌던 것으로 보이지만[1], 본격적인 문제제기는 이때 처음으로 이루어졌다. 그녀는 고심 끝에 담당 변호사에게 이 사실을 털어놓았다. 법조인들과 여성단체들은 성고문대책위원회를 결성하였고, 가장 대규모의 변호인단이 구성되었다. 이 사건은 박종철 군 고문사(拷問死)와 함께 독재정권의 반인권성을 표상하는 사건으로 인식되면서, 끝내는 6월항쟁의 도화선이 되었다. 독재정권 하에서 유죄선고를 받았던 '권양'은 석방되었고, 성고문을 자행한 '문경장'이 처벌되는 것으로 사건은 일단락되었다.

한 가지 주목할 것은 여성에 대한 가장 가증스런 폭력이 성폭력으로 인식되기보다는, 민주화운동, 노동운동에 대한 탄압으로 주로 인식되었다는 사실이다. '권양' 자신도 당시에는 '여성노동자에게 기해진 공권력의 노동탄압'으로 파악해야 하며, 이 문제를 '성폭행 당한 여성의 문제'로 보지 말기를 요구했다.[2] 이러한 시각은 반독재연합전선의 구축이란 시대적 과제를 위한 것이기도 했지만, 다른

---

1) 고문은 조선조에서도 합법화된 취조방식이었다. 그러나 부녀에 대한 고문은 극히 예외적인 것이었으며, 그 중에서 파렴치한 고문은 엄금되었다. 그러나 일제하에서는 여성들의 성적 수치심을 악용한 성고문이 널리 행해졌다. 한인섭, 『한국 형사법과 법의 지배』, 한울아카데미, 1998, 48-49쪽 참조.

2) 민경자, "성폭력 여성운동사", 한국여성의전화연합 엮음, 『한국여성인권운동사』, 한울아카데미, 1999, 22쪽.

한편으로 볼 때 '성폭력'에 대한 여성주의적 시각이 아직은 미숙했거나, 당시의 시대상황이 여성주의적 관점을 표출하기엔 시기상조였음을 보여준다. 다시 말해 여성에 대한 폭력의 쟁점은 전체 민주화운동의 한 부분으로서의 의미를 갖고 있었다고 보인다. 또 다른 측면은 피해자인 여성이 자신의 이름을 내걸 수 없는 사회분위기를 읽을 수 있다. 권력에 의한 성고문이란 엄연한 사실을 앞에 두고도, 피해자가 자신의 신원을 밝힐 때 받을 유무형의 불이익이 엄존하는 사회적 상황의 문제점을 이를 통해 읽을 수 있다.

1990년대 반여성폭력운동은 바로 이러한 1980년대까지의 한계를 극복하는 과정이라 할 수 있다. 민주화운동, 노동운동의 하위단위가 아니라 여성운동으로서의 독자성을 뚜렷이 하면서, 여성단체 간의 연대를 추구했다. 여성단체들의 활동방식은 시민사회운동의 방식을 취했으며, 사안별로 조직간의 연대를 이루어내고, 단일 의제에 모든 역량을 결집함으로써 개별조직의 산술적 결합체 이상의 힘을 발휘할 수 있었다.

이러한 여성운동의 성과가 가장 두드러진 영역이 바로 대여성폭력에 대한 강력한 법적 문제제기였다. 여성운동은 무엇보다 반여성폭력을 지향하는 일련의 법제정에 역량을 집중했으며, 그 결과 여성관련법이 가장 빠른 시일 안에 제정된 국가에 속하게 되었다.[3]

이러한 반여성폭력운동은 가정·사회·국가에 의한 폭력의 '피해자로서의 여성'의 존재를 부각시키고, 그것을 지원하기 위한 법적, 정책적, 사회적 조직화에 앞장선 것이다. 그럼으로써 완강한 가

---

3) 남인순·윤정숙·강남식, "80~90년대 여성운동의 평가와 21세기 여성운동의 전망", 한국여성연구소 10주년기념 심포지움 자료집, 『21세기 전환기 여성운동과 여성이론』, 1999. 10. 2., 7쪽.

부장적 사회분위기에 도전을 제기하였다. 1990년대 초기엔 여성운
동은 일반 민주화운동·시민운동과 연대를 추구했지만, 여성주의
적 관점이 점점 뚜렷해지면서, 다른 민주화운동·시민운동과 분화
해 갔다. 21세기 초입에 이르면 민주화운동, 시민운동에 내재해 있
는 반여성적 요소를 지적하고, 그들 역시 가부장적 태도를 고수하
고 있음을 폭로하는 단계에 이른다. 다시 말해 일련의 반여성폭력
운동을 통해, 1990년대 여성운동은 자립성과 함께 여성주의적 관점
(feminist perspective)을 정립하고 강화해가는 과정을 거친다고 할 수
있을 것이다.

1) 성폭력에 대한 도전

성폭력범죄에 대한 개인여성 및 여성단체들의 문제제기와 이를
통해 거둔 성과는 1990년대 여성운동의 전범이라 할 만하다. 먼저
개인여성 피해자들이 주목된다. 강정순, 변월수, 김부남 등의 여성
들은 자신들의 피해에 대해 묻어두는 쪽을 선택하지 않았고 발언하
는 쪽을 선택했다.[4] 그들의 발언은 폭력에 대한 대응행동의 결단에
이어 이루어졌다. 강정순 씨는 자신을 성폭행한 순경을 고발했고,
변월수 씨는 강간범의 혀를 깨물었으며, 김부남 씨는 어릴 적에 자

---

4) "성범죄의 피해자는 부끄러움으로 항상 입을 다물고 있어야 한다는 것은 있을
수가 없다고 생각합니다.……짐승 같은 두 인간에게 철퇴가 내려져야 한다고 생
각합니다"(강정순); "이 사건이 일어난 후에도 우리 동네에서는 강간사건이 수없
이 일어났습니다. 재판장님! 보호받을 정조는 무엇이고 보호받지 못할 정조는 무
엇인지 밝혀주시고, 이 법정에서 (가해자에게) 최고의 법정형을 내려주시기 바랍
니다"(변월수); "나는 사람 아닌 짐승을 죽였어요"(김부남) 등 참조. 민경자, "성
폭력 여성운동사", 한국여성의전화연합 엮음, 『한국여성인권운동사』, 한울아카
데미, 1999, 35, 41, 48쪽.

신을 성폭행한 남성을 22년이 지나 살해했다. 그에 대한 공식적=
법적 대응은 구태의연했을 뿐 아니라 피해자 비난적(victim-blaming)
이었다. 강정순 씨는 오히려 무고범 내지 간통범으로 몰렸고, 변월
수 씨는 정당방위를 넘어선 과잉방위로 단정되어 중상해죄로 기소
당했고, 김부남 씨는 정당방위가 성립되지 않은 채 살인죄로 처벌
받을 위기에 몰렸다.[5] 그러나 그 피해자들은 이전보다 훨씬 적극적
으로 대응했다.

결정적인 차이는 이러한 피해여성을 위한 여성단체들의 조직적
인 지원이었다. 몇 년 전이었다면, 강정순·변월수·김부남 이란
이름은 세간의 주목을 받지 못한 채 그냥 지나쳤고 법정이 하나의
전장이 되는 일은 없었을 것이다. 그러나 여성단체들은 성폭력 피
해에 이어 또 다른 이차적 피해(secondary victimization)를 당할 위기
에 처한 피해여성들과의 연대를 이루어냈다. 1991년 창립된 <한국
성폭력상담소>를 비롯한 여성단체들은, 사안별로 대책협의회를 구
성하여 그러한 사건을 성폭력의 심각성을 알리는 계기로 적극 활용
했다.

여성단체의 대응방식은 다음과 같은 과정을 거쳤다. 첫째, 피해
여성에 대한 지원. 둘째, 그 사건들을 심각한 사회문제의 일환으로
여론화하는 것. 셋째, 소송참관, 항의, 방문, 시위, 공청회 등에 걸친
재판투쟁 및 연대투쟁. 넷째, 성폭력특별법의 제정을 위한 입법적
노력 등. 이같이 피해자지원·여론화·재판투쟁·입법화는 1990년

---

5) 강정순은 여성단체의 노력으로 무고죄 등에 대해 무죄를 선고받았으나, 가해경
관은 무혐의로 처리되었다. 그러나 인권단체들의 끈질긴 노력으로 가해경관은
면직되었고 끝내는 구속되었다. 변월수는 제1심에서는 가해자의 혀를 자른 행위
는 과잉방위로 보아 유죄를 선고받았으나, 항소심과 대법원에서는 무죄판결을
받았다. 김부남은 심신장애 사유가 인정되어 치료감호처분을 받았다.

대에 들어 시민운동의 일반적 의제관철방법으로 정착되었는데, 반성폭력운동은 그러한 방법의 전형을 만들어내는 데 기여했다.

피해여성에 대한 지원은 위의 쟁점사건뿐 아니라, 보다 폭넓은 것이었다. 특히 한국성폭력상담소는 그 한 모델을 제시했으며, 법제정 이후에는 전국적으로 상담소를 통한 지원방법이 일반화되기에 이르렀다. 이러한 상담활동은 전반적인 실태파악을 위한 기초가 되었으며, 그를 토대로 여론화와 대안을 내세울 수 있게 되었다. 상담기관을 통해 길러진 인력들은 반성폭력운동의 곳곳에서 주요한 인재가 되었다.

여성운동은 권력의 무대가 아니라 여론의 무대를 활동의 장으로 선택했다. 여성운동은 문제사례의 쟁점화를 통해 성폭력에 대한 여론을 환기시켰다. 김부남 사건에서 "나는 사람 아닌 짐승을 죽였어요"라는 말은 성폭력 피해의 심각성을 상징하는 말이 되었고, 성폭력을 당한 피해자에게 주의를 환기시키는 데 기여했다. 변월수 사건은 "그대가 단지 여자라는 이유만으로"라는 영화로까지 제작되었다.

이러한 여론화와 법정 참관은 성폭력사건의 재판 및 양형에도 상당한 영향을 미쳤다. 김부남 씨의 살인행위에 대하여는 심신장애 항변이 받아들여졌고, 변월수 씨는 참작할 수 있는 과잉방위로 인정받아 그 책임이 면제되었다. 재판에서는 여성단체 및 여론의 압력이 기존의 재판관행을 바꾸는 데 일조했다.

여성운동의 의제 중에서 성폭력특별법의 제정은 1990년대 초반의 가장 큰 이슈였다. 여성단체연합과 공대위는 이러한 제정작업을 주도했다. 특히 여성단체들은 입법화 작업과 관련하여 새로운 방식을 모색했다. 먼저 입법작업의 광범한 홍보와 함께 구체적인 입법안을 조문까지 만들어 제시했으며, 선거과정을 활용하여 지지세력을 확장하고, 여야의 선거공약에 포함시키도록 각 정당에 압력을 가했다. 여성단체들은 특정 정당에 의존하지 않고, 국회의원들을 개별적으로 접근했고, 그러한 접근방법은 여/야간의 첨예한 정쟁을 우회하여, 소기의 성과를 거둘 수 있었다. 여·야 정당들은 여성단체안을 기초로 하여 수정된 형태의 성폭력법안들을 각각 제시했으며, 이러한 제반 초안들은 상호 검토를 거친 끝에 하나의 단일한 안으로 수렴되었다. 1993년 12월 17일 성폭력범죄의처벌및피해자보호등에관한법률(이하 "성폭력법")이 국회를 통과하여 1994년 1월 5일자로 공포되어(법률 제4702호), 1994년 4월 1일부터 효력을 발생하게 되었다.

물론 처음 만들어진 법안은 타협의 산물이었다. 가부장적 분위기가 잔존한 정부 및 국회를 거쳐 가는 과정에서 애초의 여성주의적 기획은 상당부분 수정되었다. 당시의 여성단체들이 입법을 통해 구체적으로 얻고자 하는 바를 여성주의적으로 다듬어내는 역량이 부족했던 점도 인정되어야 할 것이다. 여성주의적 문제의식에 대해 기존의 법적 관행 및 제도가 반응한 것이 현재의 법의 내용이라 할 수 있을 것이다. 가장 큰 의의는 성폭력의 심각성을 문자 그대로 인정한 법의 통과 그 자체일 것이다. 이 법은 그 후 몇 차례의 개정을 통해 부족한 부분이 그런대로 채워지게 된다.[6]

---

6) 1997년의 개정(1997.8.22 법률 제5343호)은 1994년 법시행 이후에 판례를 통해 지적된 문제를 보완하는 취지에서 주로 이루어졌다. 그 골자는 다음과 같다. (법제처, 법률연혁정보 참조.)
　① 제5조 제1항의 가중처벌대상에 야간주거침입절도 등의 미수범에 의한 강간과 주거침입강간을 추가하는 대신 그 법정형에서 사형을 삭제하는 한편, 동조 제2항의 가중처벌대상에도 특수강도의 미수범에 의한 강간을 추가함.
　② 친족관계에 있는 자에 의한 강간 등을 가중처벌함에 있어서 친족의 범위를

2) 가정폭력에 대한 도전

1980년대까지는 아내구타, 자녀학대 등 가정폭력은 그 심각성에도 불구하고, 그에 대해 법적 개입, 특히 형사법적 개입이 이루어진 경우는 거의 없다. 배우자와 자녀들은 남성가장에 의해 일방적인 피해와 희생을 감수해야 했다. 이러한 상황에서 1983년 한국여성의 전화는 아내구타에 대한 상담전화를 개설하여 상담을 하는 한편 가정폭력 문제를 공론화시키기 시작했다. 다른 한편 한국가정법률상담소는 이혼상담의 이유로 남편의 부당한 대우, 폭행과 유기 사례가 적지 않음을 주목하여 가정폭력을 문제삼아왔다.

1990년대에 들어 가정폭력의 문제점을 극적으로 부각시킨 계기는 지속적인 가정폭력의 피해를 당해온 아내들이 가해자 남편을 살해하는 사례들로부터이다.[7] 이러한 가정폭력 피해자의 가해자 살

종전의 "존속 등 연장의 4촌 이내의 혈족"에서 "4촌 이내의 혈족과 2촌이내의 인척"으로 그 범위를 확대함.
③ 장애인에 대한 준강간을 처벌함에 있어 장애인의 범위를 신체장애뿐만 아니라 정신상의 장애까지 확대하여 장애인의 보호를 강화함.
④ 13세 미만의 미성년자에 대한 강간·강제추행 등의 죄를 가중처벌하고 이를 비친고죄로 규정함으로써 아동보호를 강화하도록 함.
⑤ 성폭력피해자가 수사나 재판과정에 있어서 편안한 환경에서 진술할 수 있도록 하기 위하여 피해자와 신뢰관계에 있는 자가 수사 및 재판과정에 동석할 수 있도록 하는 규정을 신설함.
⑥ 18세 미만의 자를 보호하거나 교육 또는 치료하는 시설의 책임자 및 관련 종사자가 자기의 보호 또는 감독을 받는 사람이 이 법 또는 형법에서 비친고죄로 규정된 성폭력범죄를 당한 사실을 안 때에는 신고를 의무화하도록 함으로써 미성년자의 보호를 강화함.
⑦ 보건복지부장관이 성폭력피해자의 치료를 위한 전담의료기관을 지정함에 있어서 민간진료시설도 전담의료기관으로 지정할 수 있도록 함으로써 피해자의 진료기회를 확대함.

7) 그 사안들의 내용과 그에 대한 법적 평가의 문제점에 대하여는 한인섭, "가정폭력 피해자에 의한 가해자 살해: 그 정당화와 면책의 논리", 서울대 법학, 제37권

해는 1990년대에 들어와 증대한 것이 아니었으며, 사실 한국사회의 한 병폐로까지 지적되곤 했다. 하지만 1990년대에 들어와 달라진 점은, 이러한 남편살해여성에 대한 여성단체들의 지원과 개입이었다. 살인에 이르게 된 정황을 살펴보면 최후의 가해자인 여성은 장기간 가정폭력의 피해자였으며, 그들이 피해당하고 있을 때 법적·정책적 예방장치는 아예 없거나 제대로 작동되지 않았음을 알 수 있다. 그 때문에 가정폭력의 심각성을 인지하고, 그에 대한 예방적·처벌적 차원에서의 사회와 국가의 개입은 필수적이라는 결론을 도출해낼 수 있었다.

1994년 성폭력법이 제정된 뒤, 여성단체들은 그 다음 단계로 가정폭력법의 제정에 힘을 쏟았다. 성폭력법 제정과정과 유사하게, 여성단체들은 ① 언론홍보, 공청회 등을 통한 여론화 작업, ② 피해여성을 위한 연대와 재판참관 및 재판에 있어 여성적 관점을 제기한 소송운동, 그리고 ③ 가정폭력법의 제정을 위한 입법운동이라는 3가지 차원의 운동을 동시에 진행하였다. 여성단체의 지속적인 주장에 대하여, 여·야 정당은 자신의 입법안을 성안하였다. 가정폭력법은 당시 여당이었던 민자당의 안에 의거하여, 1997년 말에 이르러 2개의 법률로 나뉘어 통과되었다.

먼저 가정폭력범죄의처벌등에관한특례법(1997. 12. 13. 법률 제5436호. 이하 "가정폭력처벌법")의 취지는 다음과 같이 정리될 수 있다.8)

그동안 가정폭력이 그 문제의 심각성에도 불구하고 가정내의 문제로

2호, 1996, 9, 261-312쪽 참조.

8) 법제처 홈페이지, 법률연혁정보 참조. www.moleg.go.kr

치부되어 사회적으로 방치되어 왔으나 최근 가정폭력이 다른 사회적 폭력보다 지속적이고 상습적으로 행하여지고 있다는 우려가 제기되면서 가정폭력에 사회와 국가가 적극 개입하여 해결하여야 한다는 여론이 증가하고 있어, 가정폭력범죄행위자에 대한 보호처분제도를 도입하고 가정폭력으로 입은 손해에 대한 민사처리 특례를 규정하는 등 궁극적으로 건강한 가정을 육성하고 가정의 평화와 안정을 회복하려는 것임.

가정폭력처벌법은 종래의 형사법에서는 볼 수 없는 여러 가지 조치를 도입하고 있다. 경찰관은 가정폭력에 대하여 응급조치를 취해야 하며, 법원은 가해자의 격리 및 접근금지조치를 명할 수 있다. 가정폭력범죄를 저지른 경우의 국가의 접근은 형사처벌의 방향뿐 아니라 보호처분을 과할 수 있도록 함으로써 개입의 폭을 확장했다. 법원칙상으로는 가정폭력 '범죄'에 대하여도 '형사처벌'을 하는 것이 당연하겠으나, 종래의 법집행기관의 태도는 '가정'폭력범죄에 대하여 '불벌'을 하는 것이 오히려 상례였다. 때문에 보호처분의 신설은 가정폭력범에 대한 경미한 제재를 꾀한 것이라기보다는, 국가개입을 보다 용이하게 하고 국가개입의 폭을 확대할 수 있도록 하는 데 법제정의 의미가 있었다. 그 주요 내용은 다음과 같다.

① 직무 또는 상담을 통하여 가정폭력범죄를 알게 된 의료기관·가정폭력관련상담소 등의 장에 대하여 신고의무를 부과함(법 제4조 제2항·제3항).
② 피해자는 가정폭력의 행위자가 자기 또는 배우자의 직계존속인 경우에도 고소할 수 있도록 함(법 제6조 제2항).
③ 검사는 경찰관리의 응급조치에도 불구하고 가정폭력범죄가 재발할 우려가 있는 경우 법원에 격리와 접근금지를 청구할 수 있도록 함(법 제8조).

④ 검사는 가정폭력범죄로서 사건의 성질 · 동기 및 결과, 행위자의 성행 등을 고려하여 이 법에 의한 보호처분에 처함이 상당하다고 인정하는 때에는 가정보호사건으로 처리할 수 있도록 함(법 제9조).

⑤ 검사는 가정보호사건으로 처리하는 경우에는 그 사건을 관할 가정법원 또는 지방법원에 송치하도록 함(법 제11조).

⑥ 법원은 가정폭력행위자에 대한 피해사건을 심리한 결과 보호처분에 처함이 상당하다고 인정할 때에는 사건을 가정보호사건의 관할 법원으로 송치할 수 있도록 함(법 제12조).

⑦ 보호처분이 확정된 때에는 동일한 범죄사실로 다시 공소를 제기할 수 없도록 함(법 제16조).

⑧ 피해자의 신청이 있는 경우 피해자를 증인으로 신문하고 이 경우 당해 가정보호사건에 관한 의견을 진술할 기회를 주는 등 피해자의 진술권 등을 보장함(법 제33조).

⑨ 판사는 심리의 결과 보호처분이 필요하다고 인정한 때에는 결정으로 접근행위의 제한, 친권행사의 제한, 사회봉사 · 수강명령, 보호관찰, 감호위탁 등의 처분을 할 수 있도록 함(법 제40조 제1항).

⑩ 피해자 등이 받은 물적 피해나 치료비, 부양료에 대하여는 신속한 민사처리절차가 진행될 수 있도록 소송촉진등에관한특례법의 내용과 유사한 민사처리에 관한 특례를 규정함(법 제56조 내지 제61조).

⑪ 보호처분 중 접근행위제한과 친권행사제한을 이행하지 아니한 자에 대하여는 보호처분의 불이행죄를 신설하여 처벌하도록 함(법 제63조).

또 다른 법률은 가정폭력방지및피해자보호등에관한법률(1997. 12. 31. 법률 제5487호. 이하 "가정폭력방지보호법")로 나타났다. 그 법률의 취지는 다음과 같이 정리될 수 있다.[9]

가정내의 폭력으로 인하여 가정이 파산되고 가정구성원이 신체적 · 정신적 피해를 당하고 있어 가정폭력을 예방하고 가정폭력으로 인한 피해자를 보호함으로서 건전한 가정을 육성하려는 것임.

---

9) 앞의 홈페이지 참조.

① 국가와 지방자치단체는 가정폭력의 예방과 피해자의 보호를 위하여 법적·제도적 장치를 마련하고, 이에 필요한 예산상의 조치를 취하도록 함(법 제4조).

② 국가와 지방자치단체는 가정폭력상담소와 가정폭력피해자보호시설을 설치·운영할 수 있도록 하고, 민간이 설치·운영하는 가정폭력상담소는 신고제로 하는 한편, 가정폭력피해자보호시설은 사회복지법인 기타 비영리법인이 인가를 받아 설치·운영할 수 있도록 함(법 제5조 및 제7조).

③ 국가 또는 지방자치단체는 이 법에 의한 상담소 또는 보호시설의 설치·운영에 소요되는 경비의 일부를 보조할 수 있도록 함(법 제13조).

④ 의료기관은 가정폭력 피해자본인·가족·친지 또는 상담소나 보호시설의 장 등의 요청이 있는 경우 피해자에 대한 치료·상담 등을 실시하여야 하며, 이에 필요한 비용은 가정폭력을 행한 자가 부담하도록 하되, 다만, 가정폭력을 행한 자가 비용을 부담할 능력이 없는 때에는 국가 또는 지방자치단체가 이를 부담한 후 구상권을 행사하도록 함(법 제18조).

⑤ 상담소 또는 보호시설에서 업무에 종사하였거나 하고 있는 자는 그 업무상 알게 된 비밀을 누설하여서는 아니 되며 이의 위반시에는 1년 이하의 징역 또는 500만원 이하의 벌금에 처하도록 함(법 제20조).

하지만 여기서도 애초의 여성주의적 관점이 최종의 입법단계에서 온전히 성취된 것은 물론 아니다. 애초의 입법안은 정부와 국회를 거치면서, 훨씬 약한 예방과 제재의 방법으로 그 내용이 수정되었던 것이다.

3) 성희롱에 대한 도전

한국에서 성희롱은 1993년까지는 거의 소개되지 않은 개념이었다. 성희롱은 1993년 서울대조교성희롱사건이란 단일사건을 통해

극적으로 쟁점화되었으며, 그 사건의 소송화 과정을 통해 순식간에 유행되었다고 할 수 있다. 1993년 우 조교는 성희롱으로 인해 부당 해고 당했음을 주장하면서, 그러한 주장을 서울대 대자보에 붙였다. 그러나 성희롱 당사자로 지목된 신 교수는 우 양을 무고죄로 고소했으며, 궁지에 몰린 우 양은 법적 지원을 얻기 위해 변호사를 찾았다. 변호사는 무고죄에 대한 방어 차원이 아니라 성희롱 당한 여성의 소송을 통해 근본적인 방향전환을 했고, 그리하여 성희롱은 인구에 회자되는 개념이 되었다. 우 조교의 소송은 승소, 패소, 일부승소, 일부승소, 일부승소를 하면서, 6년을 넘는 법정투쟁 끝에 승소하였다.[10]

그러나 그토록 길었던 소송은 무의미한 시간낭비는 아니었다. 소송과정을 통해 성희롱이 계속 쟁점으로 인지되었고, 여성단체들은 소송지원, 실태조사, 입법운동 등을 벌여나갔다. 이러한 노력은 입법적 차원에서는 1999년 남녀차별금지및구제에관한법률의 제정(1999. 2. 8. 법률 제5934호), 1999년 남녀고용평등법의 개정을 통해 성희롱의 처벌 및 예방 등에 관한 상세한 조항을 만들었다. 성희롱은 "업무, 고용, 기타 관계에서 공공기관의 종사자, 사용자 또는 근로자가 그 지위를 이용하거나 업무 등과 관련하여 성적 언동 등으로 성적 굴욕감 또는 혐오감을 느끼게 하거나 성적 언동 기타 요구 등에 대한 불응을 이유로 고용상의 불이익을 주는 것을 말한다".[11] 그리고 사기업, 공공기관, 교육기관은 성희롱 예방교육 의무와 가해자에 대한 적절한 조치를 취할 의무, 피해자에게 불이익한 조치

---

10) 서울대조교 성희롱사건 공동대책위원회, 『서울대조교 성희롱사건 백서』, 2001 참조.

11) 남녀차별금지및구제에관한법률, 제2조의2.

를 하지 않을 의무 등의 규정이 만들어졌다.

성희롱은 성차별적 생활관습, 언어관습에 대한 도전을 담고 있으므로, 여성주의적 관점에서 볼 때 가부장적 분위기를 깨는 데 어떤 도전보다 광범한 영향을 미칠 수 있다. 강간 등의 성폭력의 경우 그것은 일반인과 무관한 범죄자의 소행으로 몰아붙일 수 있지만, 성차별적 관행에 젖어 있는 사회분위기에서 남성들의 성희롱은 자신들의 평소의 언동을 '피해자의 입장'에서 평가해보기를 요구받는다. 1990년 초엔 성희롱이란 말과, 그러한 내용이 문제된다는 사실을 인지하지 못하고 있던 사람들이 10년이 지나, 이젠 사소한 말과 행동도 문제될 수 있다는 사실을 자각하게끔 된 것이다. 여성단체 상담창구나 노동조합, 학생회 등에서 성희롱은 단골 메뉴가 되고 있으며, 반성희롱운동은 여성운동의 매우 중요한 부분을 차지하게 되었다. 또한 대학가, 직장 등에서 예방지침을 만들고 상담소를 만들어 운영하며 예방교육을 실시하고 제재를 강구하는 등의 적극적 대응이 이루어지는 단계에 이르렀다.

3. 여성폭력관련 법률에 대한 검토

여성폭력에 대한 1990년대의 법적 성과에 대해서는 아직도 상반된 평가가 내려지고 있다. 성폭력법이 제정되었을 때 정부는 "아시아 국가 중에서는 처음으로 제정된 이 법은 성폭력예방 및 인권신장에 큰 효과가 있을 것으로 기대된다"[12]는 긍정적인 입장을 표명했다. 그러나 이 법을 만드는 데 매우 큰 역할을 한 여성계에서는

---

12) 정무장관(제2)실 소식, 『여성정책』, 제16호, 10쪽.

"실망스럽다는 표현 이외에 다른 적절한 낱말을 찾을 수 없다. 이 번 법은 기존의 형법보다 개선된 측면이 없지 않다는 점에서 그나마 인색한 평가를 줄 수 있을 뿐"13)이라고 평가하고 있다. 이러한 견해차를 단순히 절반이 채워진 물잔을 보는 두 입장의 차이라 편리하게 해석할 수는 없다. 적어도 성폭력예방 및 인권신장에 핵심적 장애물을 개선했느냐, 아니면 기존의 법보다 약간 개선된 측면에 그치고 있는가 하는 점은 매우 의미있는 차이라 할 수 있기 때문이다. 이러한 혁신론과 수선론의 관점 차이는 가정폭력, 성희롱을 둘러싼 논의에서도 나타나고 있다.

법적 검토에서 또한 염두에 두어야 할 것은 법전상의 법(law in books)과 살아있는 법(law in action)의 관계에 대한 것이다. 입법 그 자체는 매우 소중한 성과이다. 그러나 모든 입법은 자동적으로 효력을 발휘한다기보다는 법의 적용 및 집행과정을 거쳐 실현된다. 아무리 좋은 입법도 법적용자·법집행자의 의지가 없이는 제대로 기능할 수 없다. 형사사법 과정에는 보다 구체적인 이해관계, 권력관계가 반영된다. 해당 사안들이 범죄라는 입법적 선언이 있다고 할지라도, 그것은 경찰의 수사, 검사의 기소, 법원의 판결, 양형과 형집행의 과정을 거쳐가야 한다. 성폭력·가정폭력 관련 특별법을 만든 역사가 "세계에서 보기 드문 입법례가 될 뿐 아니라 우리나라 형사법에 상당한 발전을 초래했다"14)는 중요한 의의를 갖는다는 점을 지적하면서도, 이러한 법의 시행이 "과연 여성인권과 여성폭

---

13) 성폭력범죄의처벌및피해자보호등에관한법률에 대한 여성계의 입장, 기자회견 자료, 1993. 12. 20.

14) 김엘림·윤덕경·박현미, 『성폭력·가정폭력 관련법의 시행실태와 과제』, 한 국여성개발원, 2000, 11쪽.

력문제에 대한 사회인식의 개선을 도모하고 여성폭력문제를 예방, 감소하는 성과를 보이고 있는가에 대하여는 아직 회의적인 평가를 받지 않을 수 없다"[15]는 견해는 법전상의 법을 시행하게 될 때 훨씬 더 복잡하고 힘든 장애물을 돌파해가야 함을 일깨우고 있다.

1) 성폭력법의 검토

성폭력 관련행위를 '특별'법으로 만들어야 한다는 것은 성폭력이 사회적으로 심각하게 문제시되고 있고, 그에 대한 '특단의 조치'가 필요하다는 사회적 요청의 산물이다. 그러한 접근방법은 형사법의 영역에서 특별법을 남발해왔던 그간의 관행과도 일치하는 것이다.

그러나 성폭력법의 제정과정에서는, 기존의 형사범죄에 대한 형벌강화의 방향보다는 기존의 법률에 규정되지 않았거나 모호하게 되어 있는 위법한 행위유형을 가능한 한 충분히 구성요건화하는 데 더 중점을 두었다. 다시 말해 성폭력 관련 범죄의 구성요건이라는 그물망을 보다 촘촘하고 명료하게 만든 것이다. 예컨대 성폭력법 제7조의 행위는 형법상으로도 강간죄에 해당하지만, 형사소송법 제224조(고소제한)에 걸려 처벌이 불가능했던 것을, 제18조의 고소제한예외사유를 인정함으로써 자기 또는 배우자의 직계존속에 의한 성폭력범죄를 고소, 처리할 수 있게 하였다. 제13조의 공중밀집장소에서의 추행죄, 제14조의 통신매체이용음란죄는 최근 빈발하는 반사회적 행위들을 새로이 성폭력범죄로 처벌하기 위해 신설한 것

---

15) 김엘림, "성폭력·가정폭력 관련법의 시행실태와 과제", 『여성인권: 성폭력·가정폭력의 현황과 정책과제』, 한국여성개발원 세미나 자료집(1999. 12. 8), 28쪽.

이다.[16]

그러나 성폭력법의 제정 이후 일련의 판례에서는 애초의 의도와는 달리 구성요건해당성을 회피해간 경우들이 여럿 발견되었다.[17] 판례는 목적론적 해석을 일체 배제하고, 오직 조문의 자구에 한정된 문리적 해석으로 시종하고 있다.[18] 사법부가 성폭력범죄에 대한 해석에 있어 이같이 소극적인 태도를 취하고 있는 이상, 그 해결은 다시 입법부에 법개정을 요청하는 방법밖에 없게 되었다. 성폭력법의 일부는 1997년 개정되었다.

형사실체법의 영역에서 남아있는 가장 큰 문제는 강간죄의 객체와 수단의 해석을 둘러싼 논쟁이다.

① 형법 제297조에서 강간죄의 객체는 '부녀'로 규정하고 있다. 이 규정 자체에 따르면 배우자를 부녀에서 제외할 이유가 없다. 가령 독일의 1995년 이전의 형법은 '혼인외의 부녀'를 폭행한 자를 강간범이라 규정하고 있지만, 우리는 그런 규정을 갖고 있지 않다. 그럼에도 상당수의 법률가들은 혼인관계는 '특수관계'라거나 '부부간의 동거의무에는 동침의무가 포함된다'는 등의 근거를 내세워 혼인을 해소하지 않는 이상 처벌할 수 없다는 논리를 취해왔다. 그러

---

16) 한인섭, "성폭력특별법과 피해자보호: 그 문제와 개선점", 대한변호사협회, 『인권과정의』, 제214호, 1994, 6, 57쪽.

17) 그에 대한 상세한 연구 및 관련 판례의 소개는 한인섭, "성폭력의 법적 문제와 대책", 『인간발달연구』, 제13권 1호, 1996, 187-189 참조.

18) 예컨대 대판 1996. 2. 23, 95도2914 [의붓아버지의 성폭행에 대하여, 의붓아버지는 사실상의 관계에 의한 친족이 아니라고 한 판례]; 서울지법 형사합의21부 1996. 11. 1 판례 [정신장애인은 신체장애인이 아니므로 성폭력법 제8조의 보호대상이 될 수 없다고 한 판례] 등은 해당법의 취지를 존중한 '목적론적 해석'이 아닌 '문리해석'에 치중한 결정이었다는 비판을 받을 수 있다.

나 이 같은 해석은 우리 헌법 및 실정법상에서 근거를 찾기 어려운 남성위주의 법해석일 뿐이다. 가정은 '사생활'의 영역이어서 국가 개입을 자제해야 한다는 논리도 통용되어 왔다.[19] 이는 일견 그럴 듯하게 보이나 명백한 폭력=범죄를 사생활의 이름으로 은폐하는 것이 과연 누구를 위함인지 되물어볼 일이다. 개인의 개인에 대한 폭력을 그대로 두고 보는 국가는 인권국가일 수 없다. 혼인중의 부녀를 제외할 법적 근거도, 정황적 근거도 찾을 수 없는 이상 배우자 강간은 강간죄로 처벌받아야 마땅한 것이다. 그에 관해 판례는 1970년대 초반의 것[20]이 있을 뿐이고 2003년까지 더 이상 판례가 나오지 않았다. 배우자강간의 배제조항을 폐지해가고 있는 세계적인 추세에 맞추기 위해서라도, 이러한 해석은 폐기되어야 한다고 본다. 폐기의 방법은 사법부가 법해석을 바꾸든지, 입법부가 새로운 입법안을 통과시키든지 하면 될 것이다. 최근 제1심법원에서 아내에 대한 성적 폭력을 강제추행치상으로 처벌한 사례는 혼인중이라 해도 성적 자기결정권을 포기해야 하는 것은 아니며, 배우자에게 원치 않은 성관계를 강요할 권리는 없다는 주목할 판례변경을 보이고 있다.[21] 아내에 대한 강간은 당연히 강간죄를 구성한다는 주장도 속속 등장하고 있으며,[22] 국회의 입법안에도 등장하고 있

19) 배우자강간의 성립불가론(부정설)은 종래 법학계의 통설이었고, 판례도 그러한 입장을 취하고 있다고 주장되어 왔다. 그러나 배우자강간의 성립가능론(긍정설)이 속속 등장하면서, 종래의 견해는 '통설'로부터 '다수설'로, 이제는 제1설 정도로 비중이 약화되고 있다. 지금은 통설·다수설 등으로 정리할 것이 아니라 '부정설'로 명명하는 것이 옳다고 본다.

20) 대판 1970. 3. 10, 70도29.

21) 2004년 서울중앙지법에서는, 성관계를 거부한 아내에게 폭력적으로 강제추행하고 상처를 입힌 혐의로 기소된 남편에 대해 유죄와 함께 징역 2년 6월에 집행유예 3년의 형을 선고한 것이다. 그에 대해 피고인이 상소하지 않아 이 판결은 확정되었다. 서울중앙지법 2004. 8. 20, 2003고합1178 판결.

다. 대법원에서도 그러한 방향으로의 판례변경이 이루어지기를 바란다.

② 강간죄의 객체를 '부녀', 즉 여성에 국한시킨 것도 오늘날 문제로 떠오르고 있다. 실제를 보면, 여성만이 피해자로 되는 것은 아니다. 여성이 남성을 강간하거나, 남성이 남성에 대해, 여성이 여성에 대해 일종의 삽입적 성폭력을 행사하는 것은 논리적으로 가능하며 실제로 일어나고 있는 일이기도 하다. 그러나 기존의 법규정상으로 남성은 강간죄의 객체가 될 수 없음은 명백하다. 그러나 남성에서 여성으로 성전환한 자를 강간한 자에 대해 여성이 아니기에 강간죄가 될 수 없다(강제추행죄는 '사람'에 대한 것이므로 성립가능하다)는 판례의 태도[23]를 보면, 사법부가 강간죄에 대하여 매우 고정관념을 갖고 접근하고 있음을 볼 수 있다. 때문에 입법적 조치를 통해 강간죄를 성중립적으로 재규정함으로써, 남/녀 구분없이 삽입적 성폭력을 한 자를 강간죄로 다스릴 수 있도록 해야 할 것이다.

③ 강간의 수단과 관련하여, 폭행 또는 협박의 범위를 둘러싼 논의가 야기되고 있다. 이는 우리의 판례가 폭행 또는 협박을 매우 제한적으로 해석하여, '항거불능 또는 현저한 항거곤란에 이를 정도의 유형력(무형력)의 행사'를 폭행 또는 협박으로 정의하고 있기 때문이다. 그 때문에 '거부적 언동'을 명확히 했더라도, '항거'하지

---

22) 조국,『형사법의 성편향』, 박영사, 2003, 16쪽; 류화진, "우리 형법상 아내강간의 강간죄 성립여부,"『여성연구』, 한국여성개발원, 2004년 2호, 5-36.

23) 대판 1996. 6. 11, 96도791(원심판결 서울고등법원 1996. 2. 23, 95도2876).

않으면 강간죄가 성립되지 않고 있다. 이는 성폭력범죄가 성적 자기결정권의 침해라는 본질을 도외시한 것이고, 강간범에게 지나치게 우호적인 법해석을 하는 것이다. 이 부분에 대해 판례의 변경이 뒤따라야 할 것이다.[24]

또한 성폭력법은 성폭력범죄와 관련된 절차적 장벽으로 여겨졌던 부분(친고죄 조항, 고소제한, 고소기간) 중 일부를 완화하여 범죄자에 대한 처벌가능성을 약간 높였다. 성폭력법에서 친고죄로부터 비친고죄로 바뀐 범죄는 특수강도강간 · 추행(제5조), 특수강간 · 추행(제6조), 친족관계에 의한 강간 · 추행(제7조), 장애인에 대한 준강간 · 추행(제8조), 13세 미만의 미성년자 강간 · 추행(제8조의2), 강간상해 · 치상(제9조), 강간살인 · 치사(제10조) 등이다. 그중에서 형법과 가장 차이가 나는 부분은 제5조 및 제6조의 규정이다. 그 규정을 통해 불법성이 매우 높으면서도 친고죄에 해당하여 처벌하기 어려운 경우가 적지 않았던 것을 이제는 비친고죄로 증거가 있으면 처벌가능하게 된 것이다.

그러나 가장 기본적 범죄인 강간죄 및 강제추행죄에 대하여는, 여전히 친고죄를 유지하고 있다. 최근의 판례도 "법이 친고죄를 인정하는 경우는, 그 사실을 일반에게 알리는 것이 도리어 불이익을 줄 우려가 있는 경우, 또는 비교적 경미하고 주로 피해자 개인의 법익을 침해하는 범죄에 관하여 구태여 피해자의 의사나 감정을 무시하면서까지 처벌할 필요가 없는 경우에는 피해자의 처벌희망 의사표시가 있어야 비로소 소추해서 처벌하고자 함에 있고, 어떠한 범죄를 친고죄로 할 것인지의 여부는 입법정책에 속하는 것"[25]이

---

24) 한인섭, "형법상 폭행개념에 대한 異論," 『형사법연구』, 제10호, 1998, 113-136쪽 참조.

라는 태도를 유지하고 있다.

입법정책적 관점에서 이 범죄를 과연 친고죄로 유지하는 것이 타당한지, 비친고죄로 바꿀 것인가가 논란의 대상이 되고 있다. 그러나 성폭력에 대한 판례의 친고죄 논거를 지지할 수 없다. 일반인에게 알리는 것이 피해자의 법익을 침해하는 현실이라면, 법원은 일반인에게 알려지지 않도록 수사와 공판을 비공개로 진행할 수 있는 것이며, 그런 취지가 이미 성폭력법에 포함되어 있다. 고소할 것인가 말 것인가를 피해자에게 맡기는 것은 그렇지 않아도 곤경에 처한 피해자를 더욱 고민에 빠트리게 된다. 친고죄로 규정된 이상 경찰이 범죄사실을 적발하고 충분한 증거를 수집했다고 하더라도 그를 기소할 수 없는 사태가 벌어진다. 이러한 관행은 가해자 측에 극히 이로우며, 피해자 측에 극히 불리한 결과를 초래한다. 따라서 강간죄 및 강제추행죄, 그리고 그와 동등한 정도의 불법성을 갖고 있는 성폭력에 대하여는 비친고죄로 전환할 필요가 있다.

성폭력의 피해자가 자신의 피해사실을 드러내고 법에 호소하려 할 때 여러 가지 어려움에 직면한다. 심리적, 사회적으로 극복해야 할 장애와 고소에 뒤따르는 불편과 불안감이 적지 않는 것이다. 성폭력법이 '처벌'만에 중점을 둔 법이 될 수 없다. '피해자보호'가 법명 및 목적 조항에 정면으로 인정되고 있기에, 가해자의 처벌에 그치지 않고 피해자보호의 취지를 달성할 수 있도록 운영되어야 할 것이다. 법집행기관과의 접촉에서 생겨날 2차적 피해자화 및 사회와의 접촉에서 생겨날 3차적 피해자화를 막을 수 있어야 하는 것이다.

현행 성폭력법은 수사 및 공판절차에서 피해자의 보호를 위한 몇

---

25) 서울고법 1999. 11. 23, 99노2442 판결 참조.

몇 규정을 신설하고 있다. 증인에 대한 신변안전조치를 취할 의무(제20조), 피해자의 인적 사항과 사진, 사생활에 관한 비밀 등을 공개하거나 타인에게 누설하는 것의 금지(제21조) 등을 들 수 있다. 그러나 공식적 보호조항 못지않게 중요한 것은 피해자가 심리적 지지를 받고 편안한 상태에서 증거수집과 진술에 협조할 수 있도록 하는 것이다. 이를 위하여 피해자의 신청에 의해, 피해자가 지정하는 자를 동석케 할 수 있는 동석권을 인정(제22조의2)하고 있다. 그러나 몇몇 연구26)들을 보면 수사에서 과연 피해자를 위한 배려를 하고 있는지 의문이 들 때가 적지 않다. 다만 경찰청, 법무부 내의 일부 관련 기관에서 기왕의 관행을 개선하기 위한 방안을 시행하려고 노력하고 있다.27)

성폭력을 둘러싼 사회적 지지기반은 1990년대에 들어 비약적인 발전을 이루었다. 1991년 한국성폭력상담소가 개소될 때까지, 성폭력을 명시적인 표적으로 삼은 시민단체, 여성단체는 존재하지 않았다. 그러나 성폭력법에서는 성폭력피해상담소 또는 성폭력피해자 보호시설의 설치·운영에 소요되는 경비를 보조할 수 있다고 하고 있다. 그에 따라 성폭력 피해자를 상담하고 지원하는 상담시설 또는 보호시설은 이전과 비할 수 없이 증가했다.

---

26) 정유진, "성폭력특별법 집행과정을 통해 본 성폭력 개념에 대한 여성학적 연구", 계명대 석사학위논문, 1998 등 참조.

27) 조희진, 1999, "성폭력사건의 법적 처리현황과 개선방안", 한국성폭력상담소 주최, 성폭력에 관한 서울 심포지움, 147쪽 이하; 김영혜, 1998, "성범죄사건의 피해자조사에 대한 검토", 법무부 세미나 자료, 『여성에 대한 폭력의 실태 및 대책』, 3-33쪽; 특히 "성폭력 수사 및 공판관여시 피해자 보호에 관한 지침"(검찰총장), 1999. 2.의 공문은 성폭력범죄 수사시에 범행현장에서의 피해자 보호, 피해자 소환절차상의 피해자 보호, 조사환경, 조사방법, 공소유지상 유의사항을 피해자 배려의 입장에서 정리하고 있다.

전반적으로 볼 때 성폭력을 둘러싼 사회적 법적 환경은 1990년 초보다 훨씬 많은 진전을 가져왔다. 국가와 시민단체의 관계도 어느 정도 정립되었다. 하지만 여성주의적 기획이 사회정책으로 그대로 통용되는 정도에는 이르지 못하고 있다. 특히 형사사법기관의 보수성은 성폭력범죄를 진정으로 '여성에 대한 폭력'으로 자리매김하여, 근본적인 대책을 강구하는 정도에 이르지 못하고 있는 것이다.

2) 가정폭력법의 검토[28]

1998년 가정폭력처벌법의 시행은 그 법의 제정 자체만으로도 가정폭력에 일정한 충격을 던지는 효과가 있었다. 먼저 가정폭력처벌법 제정은 가정폭력에 대한 국가의 태도전환을 명백히 보여준다. 가정폭력은 '사생활의 이름으로' 방치되고 국가개입을 자제해야 할 영역이 아니라, 이제는 국가가 직접 개입해야 할 범죄행위로 분명히 선언되었다. 이것은 가정폭력을 범죄라고 지칭하고 있으며, 가정구성원 사이의 신체적·정신적 또는 재산상 피해를 수반하는 행위(가정폭력처벌법 제2조)라고 규정한 데서도 알 수 있다. 이를 범죄로 선언함으로써 관례적 가정폭력에 경종을 울리고, 상습적 폭력을 처벌하며, 피해자에게는 사회와 국가가 자기편임을 일깨워준다. 가정폭력처벌법이 제정되고 난 뒤, 남편의 폭력행사가 중지되었다는 증언이 나오고 있는 것을 봐도, 법제정 자체가 지닌 의미를 일깨

---

28) 이 부분은 한인섭, "가정폭력법의 법적 구조와 정책지향에 대한 검토", 『서울대 법학』, 제39권 2호, 1998, 8, 300-311 부분을 여기저기 인용한 것이 포함되어 있다.

워준다. 또한 가정폭력으로 인한 육체적, 정신적 피해로부터 피해자를 회복시킬 길을 열어줄 가능성을 제공하고 있다.

가정폭력을 사적 문제가 아니라, 사회적·국가적 문제로 격상시킨다고 할 때, 사회와 국가가 이 문제에 대응하는 방법은 크게 사회복지적 대응과 형사처벌의 대응으로 나누어 볼 수 있다. 전자는 가정문제에 개입하여 보호적, 복지적 사회-국가의 자원을 투입함으로써 가정문제를 원만하게 조정·해결하는 방안이며, 후자는 폭력사범을 체포하고 처벌함으로써 강력한 대처를 해가는 방법이다. 물론 보호적 방안과 처벌적 방안 중 어느 하나의 방안을 취할 이유는 없겠지만, 그 정책초점을 어디에 두는가는 상황과 의식에 따라 매우 달라질 것이다. 가정폭력처벌법은 더 이상 가정을 폭군의 성채로 간주할 수 없음을 명확히 선언한다. 처벌법을 통해 가정폭력에 대한 보호적 대응과 처벌적 대응이 모두 명백히 가능해졌고, 또 바람직함을 천명했다고 할 수 있다. 초동단계에서 경찰은 '폭력행위의 제지 및 범죄수사'를 해야 할 의무를 과하고 있으며, 검사는 당해 사건을 형사처벌할 수도 있고 가정보호사건으로 처리할 수 있다고 규정한다(제9조). 즉 경찰은 반드시 어떤 조치를 취하여야 하며, 검사는 형사사건, 보호사건으로 하거나 기소편의주의에 따른 불기소를 할 수 있는 여지가 주어진다.

본 처벌법의 제정이전과 달라진 점은, 종래에는 가정폭력사건을 형사사건화하거나 불기소할 수밖에 없었던 데 반해, 이제는 중간적 제재형태인 보호사건으로 처리할 수 있다는 점이다. 종래에는 가정폭력범을 처벌하기 부적절하다고 생각되면 불기소할 수밖에 없었지만, 이제는 사법기관에 보다 다양한 대응의 길을 열어줌으로써 가정폭력에 대한 법적 대응의 폭을 넓혔다는 의미를 부여할 수 있다.

그러나 이 처벌법의 기본적 취지는 형사사건보다 보호사건화하려는 경향을 갖고 있는 것처럼 보인다. 본법의 제정과정에서도 처벌위주의 방법은 가정파탄을 초래할 수 있다는 측면 때문에 이용실적이 낮을 것으로 전망되고 있으며, 되도록 폭력가해자에게 전과를 남기지 않고, 이혼으로 인해 가정이 해체되지 않도록 하는 데 주안점을 두었다. 그 취지는 처벌법 제1조의 목적 조항에 "가정폭력범죄로 파괴된 가정의 평화와 안정을 회복하고 건강한 가정을 육성함을 목적"으로 한 데서 잘 드러난다. 다시 말해 본법의 기본방향은 가정폭력이 있었더라도 그 폭력을 교정하여 가정을 회복하자는 것이며, 가정의 해체(이혼 등)는 매우 바람직하지 못하다는 사고를 바탕에 깔고 있다. 그러나 현실적으로는 가정폭력이 1회적 폭력이 아니라, 상습적 지속적이며 그 폭력양태도 일반적인 범죄적 폭력보다 더욱 심각한 경우가 허다함을 감안할 때, 이혼이나 별거가 무조건 '바람직하지 못하다'는 사고는 가정폭력의 '근원적인' 해결책을 제시하기에 한계를 보일 수 있다. 따라서 법적용과 법집행단계에서 가정폭력의 실상과 피해를 정확히 살펴, 형사처벌과 보호처분 양자를 동시에 고려하면서, 폭력을 발본적으로 해결하고 가족구성원의 복지를 극대화할 방안을 추구해야 할 것이다. 가정폭력과 관련하여 형사처벌을 무조건 기피하는 형사사법기관의 소극적 태도로는 폭력 자체의 재발방지에도 별 도움이 못될 수 있다. 결국 처벌법의 취지는 가정보호처분의 신설과 함께, 형사처벌의 가능성을 보다 현실화시킬 수 있는 의지를 천명한 것으로 이해할 수 있다.[29] 따라서

---

29) 한겨레신문 1996. 7. 8. 23면 "가정폭력 아버지 구속/전치2주 상처 엄중처벌"이란 제하의 기사는 경찰의 가정폭력범에 대한 형사처벌화 가능성의 예로 인용될

앞으로의 법적용과 법집행에 있어서는 보호처분을 하면서도, 사안이 중대할 경우 형사처벌을 꺼리지 않는 방향으로 임해야 할 것으로 본다.

처벌법을 통해 이루어질 가장 눈에 띄는 변화는 경찰의 즉각적 개입일 것이다. 처벌법 제5조에 따르면 "진행중인 가정폭력범죄에 대하여 신고를 받은 사법경찰관리는 즉시 현장에 임하여" 필요한 조치를 취하여야 한다. 그 조치의 내용은 ① 폭력행위의 제지 및 범죄수사, ② 피해자의 가정폭력관련 상담소 또는 보호시설 인도(피해자의 동의가 있는 경우에 한한다), ③ 긴급치료가 필요한 피해자의 의료기관 인도, ④ 폭력행위의 재발시 임시조치를 신청할 수 있음을 통보하는 것 등이다.

경찰개입을 의무화한 것은 이제까지의 경찰의 태도를 전면적으로 전환하여야 함을 의미한다. 즉 경찰은 즉각 개입하여 사태진행을 장악하고, 폭력을 제지하며 수사활동을 펴야 하며, 응급조치를 취하여야 한다. 초기단계에서 가장 시급한 것은 경찰이 가해자와 피해자를 격리시키고 사태를 진정시키기 위한 냉각기간을 확보하는 조치일 것이다. 초기단계에서 어설픈 개입은 오히려 가해자의 화를 북돋아, 경찰이 떠난 후 피해자에게 더 큰 폭력을 행사하는

수 있다. 보도에 따르면 박모 씨는 1996. 7. 7. 자신의 딸(13세)을 특별한 이유도 없이 '말을 듣지 않는다'며 웃옷을 벗기고 주먹으로 때린 뒤 망치손잡이로 머리와 팔을 때려 전치 2주의 상처를 입혔다고 한다. 이를 보다 못한 이웃 주민들의 신고에 따라 경찰은 박 씨를 붙잡아 구속했다. 이렇게 전치 2주 정도의 상처를 입힌 피의자를 구속한 것은 이례적인 일이며, 가정폭력에 대한 경찰의 적극적 방침을 보인 것으로 주목된다는 취지이다. 여기서 알 수 있는 것은 이웃주민의 적극적인 관심(신고)과 경찰의 적극적 대응(구속 및 형사처벌)을 통해 가정폭력 행위자를 처벌할 수 있었다는 것이다. 가정폭력법이 제정되기 이전에도, 형사법적 대응은 가능했지만, 그것은 "이례적인 일"로 치부되었던 점에 기존의 법 적용의 한계가 있었던 것이다.

구실만 낳을 뿐이다. 때문에 경찰은 가장 단호한 태도를 갖고 사태 진행을 장악하여야 할 것이다.

경찰이 즉시 출동하여 응급적 조치를 취하는 것은 피해자를 위한 위기개입(crisis intervention)으로서의 의미를 띠고 있다. 피해자들을 위해 신속하게 상담기관, 보호시설 인도, 의료기관 인도의 조치를 취할 수 있기 위해서는, 경찰서는 자신이 접촉·활용할 수 있는 지역사회내의 위기개입기관에 대한 충분한 정보를 갖고, 일상적인 연락체계를 유지하고 있어야 할 것이다. 경찰관과 가정폭력 관련기관들 간의 원활한 의사소통의 체계를 갖고 있어야 한다는 것이다.

가정폭력법의 제정에 여성단체들의 역할이 압도적이었지만, 법 내용 자체는 순전히 여성주의적 기획이 반영되었다고 보기는 어렵다. 이러한 특례법을 만들면서 ① 가정폭력에 관한 국민들의 일반 감정을 고려해야 한다는 점, ② 현행 법체계와 상충되지 않아야 한다는 점, ③ 가정이라는 특수조직의 구성원 간의 문제이기 때문에 가정폭력을 규제함으로써 오히려 가정의 해체 내지 파괴가 일어날 소지가 있다는 우려를 감안하여 ④ 헌법상 개인의 사생활을 침해하지 않도록 해야 한다는 점, ⑤ 실효성있는 법이 되도록 해야 한다는 점을 고려했다고 한다.[30] 그런데 국민의 법감정, 현행법과의 조화, 가정의 특수성 존중, 사생활권 보장, 실효성의 보장의 주장은 대개 가정폭력에 관대한 보수적 지향에 더 어울리는 용어들이다. 법감정론, 가정특수성론, 사생활권은 모두 가정에 대한 불개입주의를 강화하고 있으며, 실효성 보장도 이제까지의 불개입방침을 약간 수정하자는 것이고, 현행법과의 조화원칙은 기존의 법체계(법제, 법집

---

30) 김숙자, "가정폭력특별법안(시안)의 방향과 내용", 신한국당(안) 공청회 자료집, 1996. 11., 11쪽.

행, 법적용 등)로서 가정폭력에 효과적으로 대응할 수 없었음을 간과한 말이다. 이러한 원칙에서도 보듯이 가정폭력법은 심각하게 사회문제화된 가정폭력에 대한 법률 제정이라는 여성주의적 주장이 법제화 단계에서 보수적으로 재구성되었다고 할 수 있다. 형사처벌보다는 보호처분이 선호되고, 법의 목적에서도 '파괴된 가정의 평화와 안정을 회복'을 규정하고 있는 데서도 확실히 알 수 있다.

가정폭력사건의 처리에 있어 경찰, 검찰, 법원의 태도는 다소 보수적인 편이지만, 그런 가운데서도 몇몇 주목할 만한 조치들을 내놓고 있기도 하다. 경찰은 가정폭력범죄 수사요령을 만들어 운영하고 있으며, 검찰은 가정폭력전담검사제를 두어 보다 전문성의 제고와 수사절차상 여성의 인권보장을 위한 노력을 기울이고 있다. 법원은 보호처분의 일환으로써 접근행위제한, 사회봉사명령, 보호관찰 등을 활용함으로써 구체적 타당성을 기하고 있다.[31] 형사사법기관의 태도의 변화는 실제로 가정폭력의 예방과 대책에서 매우 중요한 의미를 갖고 있으므로, 가정폭력에 대한 효과적인 예방과 통제 방법에 대하여 계속적인 노력이 필요할 것이다.

법시행을 전후하여 가정폭력 상담시설의 증가, 여성1366 상담전화의 운영, 피해자보호시설의 증가 등은 주목할 만한 일이다.[32] 가정폭력의 경우 형사처벌에만 의존할 수 없으며, 피해자를 위한 상담과 부조, 긴급개입 등이 남달리 필요함을 감안할 때, 이러한 피해자를 위한 시설 및 상담방법의 체계화는 앞으로 가정폭력을 억제하는 데 많은 도움을 줄 것으로 생각한다. 아울러 민과 관이 긴밀히

---

31) 김엘림・윤덕경・박은미,『성폭력・가정폭력 관련법의 시행실태와 과제』, 한국여성개발원, 2000, 108-138쪽 참조.

32) 김엘림・윤덕경・박은미, 앞의 책, 139-144쪽 참조.

협력하는 모델을 창출함으로써, 법시행의 효율성을 제고할 필요가
있을 것이다.

3) 성희롱법의 검토

성희롱법은 무엇보다 성희롱소송의 과정에서 제기된 문제에 대
한 입법적 응답의 성격을 갖는다. 성희롱은 남녀차별의 한 형태이
며, 주로 여성에 대한 폭력의 한 형태이다. 그러나 성희롱은 '친밀
감의 표현'이라거나 '사소한 일'로 치부되곤 했으며, 심한 성희롱이
라 할지라도 이를 문제삼는 경우가 드물었다. 그러나 성희롱소송은
바로 그러한 친밀감의 표현이 이제는 문제될 수 있는 행동이라는
것, 사소한 일이 아니라 근로자의 고용환경 혹은 고용 그 자체에
중대한 영향을 미칠 수 있는 행위라는 점으로 재규정지워졌다.

남녀차별금지및구제에관한법률은 1997년 7월부터 시행되기 시
작했다. 여성부는 남녀차별사례에 대한 조사 및 구제기능을 갖고
있는데, 남녀차별사건으로 접수되는 사건 중에서 성희롱은 절반을
차지한다. 그리고 공공기관의 장 또는 사용자는 연 1회 이상 성희롱
예방교육을 실시하도록 하고 있다. 성희롱 예방교육의 최근의 현황을
보면, 공공기관 중 97% 이상이 예방교육을 실시하고 있는 것으로 나
타나고 있다.[33] 노동부도 성희롱이 고용상의 차별에 해당한다는 인
식하에 고용·차별상담창구를 통해 성희롱 상담을 받고 있다.

이러한 정부 부처의 노력과 함께 성희롱 문제는 노동조합의 주요
한 활동거리가 되고 있다. 여성단체들은 성희롱에 대한 실무적 상

---

33) 2002년도 국정감사자료집[XVI]-여성위원회 소관-, 국회사무처, 2002. 9., 11-12
쪽.

담 및 성희롱 교육의 실무를 담당하고 있다. 대학가에서는 성희롱 예방지침을 제정하고, 대학 차원에서 상담소를 만들어 운영하고 있는 곳도 적지 않다. 이제 성희롱 예방은 국가와 사회의 한 목표로 의제선정이 된 셈이며, 예외적 이슈가 아니라 일상적 이슈로 전환되고 있다.

물론 그렇다고 가부장적 인습에 젖어 있던 성차별적 언행들이 한꺼번에 바뀔 리는 없다. 그리고 남성이 우월한 권력을 갖고 있는 사회구조 속에서 성희롱의 문제제기가 언제나 용이할 리가 없다. 때문에 성희롱의 소송화와 법제화를 성취해낸 1990년대의 반성희롱운동은 일상화된 성차별과 남성우위의 문화에 대해 하나하나 시비걸고 따지는 일상적 운동으로 재전환을 요청받고 있는 셈이다.

4. 반여성폭력운동의 평가와 전망

위와 같이 1990년대의 반여성폭력운동은 법적, 제도적 측면에서 가시적 성과를 거두었으며, 그러한 제도적 측면을 매개로 하여 사회적, 문화적 풍토를 바꾸려고 했다. 그러나 종종 여성운동은 서로 모순된 목표와 전망을 보여주기도 했다. 여기서는 여성에 대한 폭력에 반대하는 흐름들이 보여준 목표와 수단에 있어서의 충돌점 혹은 문제점을 성찰해보고자 한다.

1) 여성과 국가, 가해자와 피해자

먼저 여성운동과 국가와의 관계설정의 문제이다. 여성학 이론에서 국가의 존재 자체가 가부장적인 것이 아니냐 하는 의심을 받아왔다. 그러나 1990년대 여성운동은 성폭력, 가정폭력, 성희롱의 부분에서 국가의 직접·간접적인 개입을 강력히 요청하였다. 부부관계의 특수성, 사생활존중론, 친밀한 공동체론 등은 모두 국가간섭을 받지 않고 폭력적 남성이 "내 것 내 맘대로 하는" 담론적 바탕이 되었다. 그러나 "내 것", "내 영토"라는 상이 깨어지면서, 혼인의 존엄과 양성평등에 입각한 보다 평등한 관계설정이 요구된다. 법보다 못한 현실을 타개하기 위하여 법에 의존해야 하며, 법이 인간의 존엄성과 양성평등의 가치를 제대로 구현하지 못한 상태에서는 법의 개정을 요구하게 된다. 개인적으로 연약한 여성이 강한 국가의 힘을 빌려 자신을 보호받고자 하는 것은 충분히 가능한 일이며, 국가는 자신의 존재근거(예컨대 헌법)와 합치하는 이러한 주장을 외면할 수는 없었다.

그러나 여성주의적 관점이 국가의 문턱을 넘어설 때 치러야 할 대가도 적지 않다. 우 조교 성희롱 소송에서 대법원은 "(피고의) 이러한 침해행위는 선량한 풍속 또는 사회질서에 위반하는 위법한 행위이고……불법행위를 구성한다"[34]고 판시하였다. 구체적인 여성차별의 문제가 '선량한 풍속 또는 사회질서 위반'이라는 매우 중립적이고 개괄적인 법적 기준으로 재구성됨으로써, 여성주의적 이슈가 '중화'(neutralize)되어버리게 된다. 현재 시행되고 있는 성폭력법, 가정폭력법 어디에서도 여성주의적 가치의 직접적 표현은 찾아보기 어렵다. 가정폭력법에서 "가정의 평화와 안정을 회복하고 건강한 가정을 육성"함을 목표로 한다고 할 때, 이는 피해여성의 주체성과 인격성의 회복보다 가정의 평화와 안정의 회복에 목적을 두게

_____
34) 대판 1998. 2. 10, 95다39533.

됨으로써, 이제껏 가부장적으로 구성된 가정의 틀을 문제삼는 것을 회피해간 인상을 준다.

법집행과정에서는 여성의 경험에 입각한 새로운 여성주의적 법이론(feminist jurisprudence)의 관점을 받아들이는 경우는 찾아보기 어렵다. 예컨대 법원은 아직도 '합리적 피해자의 기준(reasonable women standard)'이 아니라 '합리적 일반인의 기준(reasonable person standard)'에서 판단하고 있는데, 후자의 기준이 여태까지 통용되어 온 '합리적 남성'의 기준(reasonable man standard)과 그 적용의 실제에서는 아무런 차이를 발견할 수 없다. 정당방위의 기준도 여전히 여성적 기준보다는 남성의 기준에서 판단되는 경향이 있다.35) 이러한 법해석은 여성주의적 문제제기에 대해 법원(그리고 검찰, 경찰)이 방어적으로 대응하는 경향에서도 형사사법구조의 가부장적 체질을 살펴볼 수 있다. 피해여성들이 법의 적용과 집행과정에서 주체적 참여자의 하나로 느끼기에는 현실은 너무나 척박하다. 자신의 피해사건의 처리에 있어서 피해여성은 소외감과 열패감을 느끼게 되며, 경찰 등의 남성주의적 심리형태는 여성의 사기를 꺾는 데 매우 효과적이다. 그렇기에 여성들이 낯설고 권위로 무장된 법의 문을 두드리고, 사기가 꺾이지 않은 채 결말까지 지켜보기란 매우 어려움을 느낄 것이다. 이런 점이 법을 통한 여성문제의 해결에 있어 풀려야 할 근본적인 문제로 자리잡고 있는 것이다.

다른 한편 반여성폭력운동에서 설정된 기본적인 여성상은 피해자로서의 여성, 그것도 순진무구한 피해자로서의 여성(women as innocent victims)이라 할 수 있다. 여성은 성폭력·가정폭력·성희롱

---

35) 한인섭, "가정폭력 피해자에 의한 가해자 살해: 그 정당화와 면책의 논리," 서울대학교 법학, 제37권 2호, 1996, 261-312쪽 참조.

에 죄없이 수동적으로 당하기만 하는 존재로 관념되며, 남성은 잠재적 가해자, 혹은 늑대 같은 자로 대칭될 수 있다. 그러나 특히 친밀한 대인관계 속에서 이루어지는 폭력(특히 가정폭력, 성희롱은 그렇다)에는 오직 '늑대 같은 남성'과 '순진무구한 여성'의 스테레오타이프로만 양분되는 것은 아니다. 그럴 때 어느 정도 덜 순진한 여성은 남성에게 성폭력의 빌미를 제공했다는 혐의를 받게 되고, 나아가 피해자도발론으로까지 비약될 수 있다. 이는 가해자의 중화의 근거, 혹은 가해자의 대변인들이 피해자를 비난하는 손쉬운 논법이기도 하며, 가부장적 분위기 속에서 어느 정도의 지지기반을 갖고 있기도 하다. 그러나 자율성과 인격성을 갖춘 남성 대 마찬가지의 자율성과 인격성을 갖춘 여성으로 구도화한다면, 여성이 폭력에 어떤 기여를 했는가가 아니라, 남성 자신이 의식적으로 폭력을 행사했는가의 여부에 초점을 맞출 수 있을 것이다. 비유하자면, 여성이 '당할만한 짓을 했는가'가 쟁점이 되어선 안 되며, 남성이 '때렸는가 안 때렸는가'에 초점을 맞추면 충분하다는 것이다.

어떤 상황에서도 그냥 수동적으로 당하기만 하는 피해자는 사실 존재하지 않을지 모른다. 피해자는 나름대로 의사표현을 하게 되며, 가해자가 제대로 된 분별력을 가진다면 피해자가 자신의 행동을 원하는지/그렇지 않은지 구별할 수 있을 것이다. 피해여성들은 가혹한 상황에서도 육체적 · 정신적 생존과 적응을 위해 노력하는 자(survivors)이며, 자신의 피해를 내면에 감추지 않고 사회문제의 일환으로 쟁점화할 때, 그는 불의에 맞서 싸우는 자이며, 타인의 유사한 피해를 줄여가기 위한 개혁자이기도 하다. 오직 여성을 피해자로서만 대하는 것은, 여성의 목소리를 오히려 억압하고(순진한 피해자는 자기언어를 갖지 못할 것이라는 고정관념 때문에), 여성의 인격적 주체성과 자율성을 오히려 부정할 수 있다. 피해여성을 오직 보호를 요하는 연약한 자라고만 관념할 때, 그 여성의 주체적 인격성에서 비롯되어야 할 자기역량의 강화(empowerment)에 역행할 수도 있지 않을까 하는 느낌이 든다. 1990년대의 반여성폭력운동에 있어 여성단체들의 목소리는 크게 들렸어도, 피해여성의 목소리가 낮거나 별로 들리지 않았던 점은 우리의 사회상황의 척박함을 드러내는 동시에 여성운동의 방향설정에서 하나의 문제를 던지고 있지 않나 하는 생각도 든다.

2) 도덕주의, 자유주의, 보호주의의 갈등

1990년대의 반여성폭력운동에 의하여, 그리고 그 입법적 성과에 의해, 종래 유지되어 오던 국가의 개입태도가 일부 수정되었다. 가정폭력은 종래 입법적 차원에서 국가의 형사적 개입에 장애물은 없었으나, 실제로 개입이 거의 이루어지지 않았다. 가정폭력처벌법은 가정폭력에 대하여 국가의 형사적 개입 및 보호적 개입이 뒤따라야 함을 명백히 선언하였고, 적어도 폭력에 관한 한 가정을 방패로 사용할 수 없음을 확인하였다. 성폭력에 대해서도 한편으로는 보다 가중된 개입을, 다른 한편으로 좀 더 확장된 개입을 천명하였다. 성희롱에 대하여는 불법행위임을 선언함으로써 민사적 개입의 가능성을 열었고, 노동법적 차원에서 혹은 여성부의 차원에서도 개입될 수 있음이 확인되었다. 따라서 반여성폭력운동이 미약했던 1980년대에 비해 2000년대는 여성폭력에 대해 훨씬 폭넓게, 그리고 강도 높게 국가개입을 요청할 수 있게 되었다.

그러나 우리 법체계상의 대여성폭력에 대한 국가의 개입 여부 및 개입 방식에 있어서 아직도 일관성을 찾아보기 어려운 점이 적지 않다. 우선 보호법익으로서 '정조' 혹은 '순결성', 특히 여성에게만 일방적으로 요구되는 정조개념을 완전히 탈각하지 못하고 있다. 형법 제242조(음행매개)는 '영리의 목적으로 미성년자 또는 음행의 상습없는 부녀를 매개하여 간음하게 한 자'를 처벌하고 있으며, 제304조(혼인빙자등에의한간음) 규정은 '혼인을 빙자하거나 기타 위계로서 음행의 상습없는 부녀를 기망하여 간음한 자'를 처벌하고 있다. 여기서 '음행의 상습'이란 불특정, 다수인을 상대로 함부로 성생활을 하는 부녀를 말하며, 직업적인 매춘부를 염두에 둔 규정이다. 이는 부녀를 '음행의 상습' 여부로 차별화한다는 점에서 특정 여성에 대한 비난과 차별을 내포하고 있는 것이다. 남성에 대해서는 이러한 기준을 적용하지 않고 있기 때문에 그 점에서 볼 때도 차별을 하는 셈이다. 1995년 형법 개정에서 '정조에 관한 죄'를 '강간과 추행의 죄'로 재명명한 것은 적어도 여성의 정조의 침해를 기준으로 강간과 추행을 정하던 관념을 탈각하여, 성적 자기결정권을 침해하는 행위를 성폭력범죄로 규정하겠다는 의지의 일단을 보여준다.

그러면서도 성적 자기결정권, 혹은 성적 자율성은 아직도 다른 가치와 뒤섞여 있는 형상이다. 예컨대 간통죄, 혼인빙자간음죄 등의 규정은 비폭력적, 자발적으로 행해진 성행위를 처벌한다는 점에서 성에 관련된 자기결정권의 행사가 다른 가치(가정과 혼인의 순결성의 유지)와 충돌할 때, 비폭력적인 성에 대한 국가개입이 아직도 가능하다는 것을 보여주는 예이다. 여러 판례를 통해 볼 때도, 성폭력범죄에 대한 처벌이유에서 성적 자기결정권의 침해에 못지 않게 정조의 침해가 더욱 비난받을 사유가 됨을 알 수 있다.

전통적으로 성(sexuality)에 대한 국가개입은 도덕주의(moralism) 대 자유주의(liberalism)의 대립이라는 성격을 지닌다. 전자는 성적 자유가 기본적으로 바람직하지 않다는 전제하에 성에 대한 억압적·금욕적 태도를 견지하고자 한다. 도덕주의적 견지에서는 간통죄와 강간죄 모두 비난의 대상이 될 수 있다. 자유주의는 타인에게 해악을 미치지 않는 이상 국가가 성문제에 대해 개입할 필요가 없다는 관점이다. 자유주의적 관점에 따른다면 강간죄는 처벌되어야 하지만, 간통죄는 개입할 필요가 별로 없게 된다. 다른 한편으로 성에 관한 보호주의(protectionism)가 있다. 특히 청소년의 성은 보호받아야 한다는 것에 초점을 맞추게 되는데, 이러한 보호주의적 태도는 최근의 청소년의성보호에관한법률(2000)에서 볼 수 있다. 성매매에 대하여, 성인의 경우에는 '선량한 풍속을 해치는 윤락행위'를 하는 자로 처벌대상이 되는 반면, 청소년의 경우에는 성에 관하여 '보호·구제'를 요하는 자로 보아 처벌대상으로 보지 않고 선도보호의 대상이 된다. 그리고 윤락행위방지법은 그대로 둔 채, 통제의 초점은 청소년의 성매매로 옮아가는 인상을 받는다. 요컨대 성에 대한 전통적 개입(예컨대 간통, 혼빙간)은 실제로 매우 축소되어가고 있는 반면, 성매매에 대해서는 쌍벌주의의 도입에서 볼 수 있듯이 처벌범위의 확대로 나아가고, 청소년의 성매매에 대하여는 청소년을 피해자로 보고 가해자에 대한 처벌을 강화하는 보호주의의 방향으로 나아가고 있다. 그리고 성폭력에 대하여는 물론 통제가 확대·강화되고 있다고 할 수 있다. 달리 말해 전통적 도덕주의적 경향은 법률 속에 남아있지만 법현실에서는 퇴조하고 있으며, 자유주의적 경향은 보다 우세해지고 있다. 하지만 전통적 도덕주의의 변형된 형태인 보호주의적 간섭은 청소년의 성을 초점으로 하여 오히려 강해지고 있다. 이렇게 볼 때 우리의 성에 대한 국가의 태도가 과연 어느 방향을 지향하고 있는지 가늠하기 쉽지 않은, 매우 복잡한 상황 속으로 빠져 들어가고 있는 느낌이다.

여기서 한 가지 생각해 볼 것은, 성에 관한 개개인의 주체성을 어떻게 바라볼 것인가 하는 점이다. 성은 억제될수록 바람직한 것인가, 성의 문제는 당사자에게 내버려두어도 되는 문제인가, 누구의 성은 어느 정도 사회로부터 보호받아야 하는가에 대한 판단을 국가 위주로 할 것인가 아니면 개개인의 주체적 판단을 기준으로 할 것인가 하는 점이다. 게이 · 레즈비언 등의 현상은 바람직하고 권할 만한 것인가, 내 이웃에겐 권하고 싶지 않지만 하나의 애정형태로 관용할 것인가, 바람직하진 않지만 간섭할 수 없는 개인의 취향의 문제인가, 아니면 바람직하지도 않고 사회적으로 유해하기에 통제되어야 할 것인가에 대한 다양한 대답들이 있을 수 있다. 청소년의 성도 마찬가지다. 청소년도 성인과 마찬가지로 성을 누릴 권리가 있지 않는가, 청소년의 성매매가 성인의 성매매와 다르게 평가될 이유가 어디 있는가, 성매매에 관여하는 청소년은 사회의 피해자인가 아니면 자신도 사회에 일정부분 가해자가 아닌가 하는 등의 문제는 본격적으로 거론되지 않고 있다. 다만 더 이상 전통적 도덕주의적 논조만으로는 게이, 레즈비언, 청소년의 다양한 성적 체험을 이해할 수도 없으며, 그것으로서 억제할 수도 없다. 대여성 폭력에 대해서는 도덕주의, 자유주의, 보호주의 그 어느 입장에서 든 강력한 비난을 가할 수 있다. 그러나 위에 지적한 바와 같은 성적 현상에 대하여는 각 입장에 따라 서로 다른 관점과 해결책이 나올 것이며, 그러나 어느 해결책도 완전히 이런 문제를 해소할 수는 없을 것이다. 이러한 과제는 아마도 1990년대의 진지한 과제로 대

두되지는 않았으나, 최근에는 진지한 해답을 요청하는 주제로 부상하고 있다. 이러한 질문거리에 대한 해답을 찾아가는 과정에서, 우리는 체험자들의 목소리와 고통을 인격적으로 인정하고 존중하는 바탕 위에서의 대화적 방법으로 접근되어야 할 것이 틀림없다. 누구의 목소리가 지배할 시대는 지난 것이다.

3) 관련주체의 문제: 형사사법기관의 태도의 변화

성폭력, 가정폭력, 성희롱의 피해자가 언제나 여성인 것만은 아니지만, 대체로 압도적인 피해는 여성의 몫이다. 반면 대여성폭력을 처리하는 형사사법기관은 현재까지 압도적으로 남성으로 구성되어 있으며, 그 분위기도 남성친화적 권력기관으로서의 측면을 갖고 있다. 보통 남성은 여성의 체험을 갖고 있지 않으며, 체험의 이해에서도 여성과 사뭇 다르다. 여성의 체험을 여성이 남성 앞에 진술하기도 쉽지 않으며, 그 진술을 남성이 이해를 같이하기도 쉽지 않다. 그러한 체험과 인식의 격차를 극복하고 상호 진정한 소통의 길을 여는 것이 여성주의적 법이론이라면, 우리는 아직도 그러한 법이론의 구축에 근접하지 못하고 있는 실정이다.

대여성폭력을 견제하기 위해서는 법집행기관의 태도가 결정적으로 중요하다. 특히 성폭력, 가정폭력 등의 신고를 받은 경찰이 가해자와 피해자와 처음으로 맞닥뜨리는 초기접촉의 순간이 매우 중요하다. 경찰이 이러한 폭력을 얼마나 심각하게 인식하는가, 그러한 폭력을 대인관계상의 프라이버시에 해당하는 것으로 인지하는가 아니면 사회적 폭력으로 인지하는가, 피해자의 필요와 수요에 정확하게 대응하는가 어떤가는 가해자와 피해자의 역학관계에 중요한 영향을 준다. 대여성폭력에 관련된 입법들은 국가(구체적으로는 법집행기관)의 무게중심을 중립적 혹은 가해자 편으로부터 사회적 약자인 피해자 편으로 옮기겠다는 의지의 표현이며, 그럼으로써 그러한 폭력을 예방하겠다는 정책적 의지를 표명한 것이다. 그러나 이는 집행기관 종사자의 의식과 태도의 변화 없이는 공허할 뿐이다. 경찰은 가정폭력의 심각성과 중대성을 자각하고 초기접촉에서 단호함을 유지해야 한다. 검찰은 보호처분과 형사처벌에 대한 일차적 결정권을 갖고 있지만, 이를 보호처분 우선주의로 운용해서는 안 되며, 그 사안에 가장 적실한 대응이 무엇일지에 대한 정책적 검토 하에 적합한 재량을 행사해야 할 것이다. 법원은 피해자의 권리와 필요를 자각하면서 사법행정 및 공판활동을 진행해야 할 것이다. 특히 이제까지의 법원의 가부장적 판례들이 피해자의 필요와 어려움을 충분히 이해하는 방향으로 변화해야 할 필요성이 대단히 크다.

최근 여성법률가의 배출의 증대추세는 하나의 고무적인 조짐일 수 있다. 여성법률가라고 모두 여성주의적 인식을 갖는다는 보장은 전혀 없으며, 법학적 훈련방식과 내용 모두 친남성적 요소를 강하게 갖고 있음은 사실이다. 그러나 여성의 체험만은 여성 고유의 것이며, 그러한 체험을 계속적으로 추체험함으로써 그래도 남성보다는 대체로 여성주의적 인식에 근접하게 된다.

여성주의적 기획은 구체적 프로그램 하나하나에 미쳐야 한다. 경찰, 검찰, 법원과의 접촉이 여성에게 접근하기 쉽고, 편리하며, 비용이 적게 드는 방법이 제도화되어야 할 것이다. 그 방법 하나하나는 치밀한 준비와 계속적 실험을 통해 향상될 것이다. 그러나 의지 없이 되는 일은 없기에, 적어도 피해자친화적인 제도의 개발과 실천을 향해 노력을 모아가야 할 것이다.

5. 맺음말

성폭력·가정폭력·성희롱 등 여성에 대한 폭력은 가부장적 사회풍토와 문화 속에서 자라온 것이며, 국가의 무시 내지 경시에 의해 악화되어 왔다. 몇 천년의 역사 속에서 가부장적 풍토는 별로 도전받지 않은 채 하나의 문화적 정형처럼 내려왔다. 그러나 1990년대 정치적 민주화의 분위기 속에서 여성운동은 만연한 대여성폭력에 도전하면서, 그에 대한 국가적·법적 응답을 얻는 데 일정한 성과를 거두었다. 그것은 여성운동이 '여성' 중심적 이슈에 집중하여, 여론화와 소송전략을 통해 사회적 문제의식을 환기시키고, 이를 토대로 입법운동을 강력하게 추진하는 데 효과적이었음을 보여준다. 정치적 민주화가 여성의 인권을 자동적으로 보장해주지 않음을 절감하면서, 상대적으로 민주화된 공간에서 젠더이슈를 성공적으로 제기할 수 있었음을 의미한다.

1990년대 이래 여성운동은 각종 불평등을 제거하고, 인간다운 대우를 받기 위한 보호를 구하는 데 역점을 두었다. 즉 '평등'과 '보호'가 키워드가 되었다고 볼 수 있다. 평등과 보호의 담론은 법제 및 법규정에서도 더 확장되어야 하며, 법실무에 이르면 더욱 그러하고, 법현실을 볼 때는 더더욱 그러하다. 다만 '평등'과 '보호'의 담론은 여성의 주체성을 제약하지 않으면서 여성의 권익을 더욱 자각적으로 진전시킬 수 있도록 구사되어야 할 것이다. '평등'과 '보호'를 중심으로 할 때 간과될 수 있는 또 하나의 지점은 남-녀, 남-

남, 여-여의 다양성의 측면을 간과할 수 있다는 것이다. '평등'에 못지않게 '다양성'과 '차이'에 대한 인식이 중요하며, 그 다양성을 존중하고 차이를 반영하는 과제는 1990년대의 여성운동의 주요 이슈로 떠오르지 않았다고 할 수 있다. 앞으로 여성법운동은 '평등'과 '보호', 그리고 '다양성'과 '차이'를 조화시키는 과제를 안고 있다고 할 것이다. 그러한 과제는 소수자와 약자의 입장을 반영하고 존중하면서 그에 저촉되는 기왕의 제도·관행을 일신하는 방향으로 추진되어야 할 것이다. 전통적인 가부장적 압력, 강자 중심의 자유주의적 담론, 여성을 소외화시키는 제반 권력과 문화를 지양하면서, 보다 인간다운 사회, 인간존중의 문화를 만들어가는 데 자신의 역할을 더욱 발휘해야 할 것이다.

5

여성복지정책

　여성복지의 개념을 폭넓게 정의하는 경우에 여성복지란 모든 여
성이 인간의 존엄성과 인간다운 생활을 영위할 수 있도록, 사회구
성원들이 여성의 욕구와 문제를 해결하기 위해 공(公)·사(私) 차원
에서 행하는 공동체적 노력을 의미한다(조홍식 외, 2000: 80). 이와
같은 광의의 개념에 따르면, 여성복지정책은 여성의 건강, 재산, 행
복 등의 삶의 조건들을 만족스러운 상태로 만들기 위한 노력을 포
함하며, 가부장제에 의한 성차별과 이에 근거를 둔 법과 사회제도,
문화 등의 개선을 포함하는 개념으로 이해할 수 있다(이상덕,
1996). 한편, 보다 좁은 의미의 여성복지란 여성 개개인에게 인간다
운 삶을 보장하기 위해 시도되는 자원의 재분배 노력을 포함하는

'여성을 위한 혹은 여성을 주요 대상으로 하는 사회복지'로 정의할 수 있다(이혜경, 1997). 협의의 개념으로서 여성복지정책은 여성을 대상으로 하는 사회복지제도 및 서비스를 의미하며, 특히 사회적인 보호가 필요한 저소득 여성 가구주, 미혼모, 성폭력피해 여성, 학대받는 여성, 매매춘여성 등의 '요보호 여성'을 주요 대상으로 하는 사회복지제도 및 서비스를 포함한다. 이 장에서는 앞 장들과의 중복을 피하기 위해 협의의 개념으로서 여성복지정책에 대해 살펴본다. 즉, 여성에게 영향을 미치거나 여성을 주요 대상으로 하는 사회복지제도 및 서비스에 초점을 맞추고자 한다.

가부장제 사회에서 여성은 사회적으로 배제되거나 주변화됨으로써 사회발전 과정에 적극 참여하지 못하고 있다. 또한 여성은 남성과 동등한 수준에서 사회발전의 결과를 향유하지 못한다. 복지국가 역시 가부장적 구조를 가지기 때문에, 복지국가에서 사회보장의 혜택은 여성과 남성에게 불균등하게 제공되며, 이로써 남성의 금전적 자원에 대한 통제권을 유지하고 확대시키는 결과를 가져오고 있다(한국여성연구회 역, 2000). 또한 수혜 프로그램에서 성별에 따른 차이가 발생하기도 하는데, 여성들은 주로 모성 혹은 양육을 지원하기 위한 공공부조의 수혜자인 반면, 남성들은 보험, 즉 권리에 기반한 프로그램의 청구자가 된다. 단적인 예로서, 우리나라 65세 이상의 노인인구 가운데 공적 연금을 수급하는 노인의 비율은 7.7%인데, 이 가운데 여성은 17%에 불과하다. 반면, 공공부조와 경로연금을 수급하는 노인의 비율은 9.6%이고 이 가운데 여성은 80%를 차지하고 있다(석재은, 2001).

가부장제 사회에서 여성을 주요 대상으로 하는 사회복지정책 역시 여성에 대한 남성의 지배권력을 제도화하는 수준에서 여성을 지원한다. 우리나라에서 여성에게 영향을 미치거나 여성을 주요 대상으로 하는 사회복지정책은 여성의 역할을 크게 세 범주로 파악하고 있다(김인숙, 1997). 첫째, 여성을 남성부양자의 '의존자'로 보는 정책으로서, 대표적으로 사회보험제도를 들 수 있다. 둘째, 가정 내에서 자녀와 장애인, 노약자 등을 보호, 양육하는 여성의 '보호자'로서의 역할을 강조하며, 이를 지원하는 정책으로 저소득 모자가정 지원정책과 영유아보육 정책을 들 수 있다. 우리나라 여성복지정책을 예산의 기준에서 살펴보면, 저소득 모자가정과 근로여성의 영유아보육을 위한 지원이 가장 큰 비중을 차지한다. 따라서 현재 우리나라 여성복지정책은 여성의 재생산자 역할을 지원하는 방향으로 이루어지고 있음을 알 수 있다. 셋째, 사회에서 보호가 필요한 '요보호 여성'에 대한 지원으로서 성폭력피해 여성, 학대받는 여성, 가출여성, 매매춘 여성 등을 위한 여성복지정책을 들 수 있다. 이와 같이, 우리나라 사회복지정책에 나타난 여성의 역할을 분석해볼 때, 여성에게 영향을 미치는 사회복지정책은 성간 형평성이 부족하고, 여성을 주체적인 생산자로 인식하기보다는 여성의 매우 제한적인 역할만을 강조하고 있음을 알 수 있다. 또한 요보호 여성에 대한 지원에 비해 모든 여성의 개인적 욕구를 충족하기 위한 정책과 프로그램이 매우 부족하다.

이 장은 1990년 이후 우리나라 여성복지정책의 분석 대상으로서 국민연금제도, 국민기초생활보장제도, 모자복지정책을 다룬다. 위에서 언급한 대로, 여성을 남성의 '의존자'로 파악하거나 여성을 가족 성원을 보호하는 '재생산자'로서의 역할을 지원하고, '요보호 여성'에 대한 지원을 강조하는 우리나라 사회복지정책의 기본 방향이 국민연금제도, 국민기초생활보장제도, 모자복지정책에서 가장 분명

하게 드러나기 때문이다. 다음에서는 먼저, 국민연금제도, 국민기초
생활보장제도, 모자복지정책을 각각 성 인지적 관점에서 분석해보
고, 사회복지정책에서 성간 형평성을 확립하고 성 주류화(gender
mainstreaming)[1]를 이루기 위한 개선 방향을 제시해본다.

1. 국민연금제도

　　국민연금제도는 1988년에 시작할 당시 10인 이상 사업장에 종사
하는 근로자를 대상으로 실시되었다. 하지만 적용 대상이 점차적으
로 확대되어 현재는 국내에 거주하는 18세 이상 60세 미만의 모든
국민이 의무적으로 가입하도록 규정되어 있다. 국민연금제도는 전
형적인 사회보험의 형태로서, 가입기간 동안 가입자의 소득에 비례
하여 일정 비율의 연금 보험료를 징수한다. 근로자 계층의 경우에
는 사용자와 근로자가 각각 절반씩 부담하며, 자영자와 농어민의
경우에는 본인이 전액을 부담하지만, 농어민의 경우에는 국고 보조
가 일부 지원된다. 급여는 가입자가 노령이나 질병, 사망으로 인해
소득 능력이 상실 또는 감퇴되었을 때 지급된다. 급여의 종류로는
급여의 대상자가 일정기간 가입하고 노령 연령에 도달했을 때 지급
되는 노령연금, 가입 중에 발생한 질병이나 부상으로 장애를 입어

---

1) '성 주류화'는 여성이 주변화되지 않고 주류 혹은 중심부에 참여한다는 의미이
다. 구체적으로, '성 주류화'는 '모든 정치적, 경제적, 사회적 영역의 정책과 프로
그램의 설계, 수행, 모니터링과 평가에서 양성의 관심과 경험을 반영함으로써 양
성의 동등한 혜택과 평등을 실현하는 전략'이다(이혜경, 1999). 유엔여성지위위
원회는 1995년 제4차 세계여성대회의 행동강령으로서 '정부 및 관계자는 모든
정책과 프로그램에 성 관점(gender perspective)을 주류화하는 능동적이고 명시적
인 정책을 장려해야 하며, 이를 위해 어떤 결정을 내리기 전에 그 결정이 양성에
게 미치게 될 영향을 반드시 분석해야 한다'고 규정하였다.

노동력이 상실 또는 감소되었을 때 지급되는 장애연금, 가입자가 사망한 경우에 그 유족에게 지급되는 유족연금 등을 포함한다.

성인지적 관점에서 분석할 때, 국민연금제도는 크게 두 가지 점에서 비판할 수 있다. 첫째, 국민연금제도는 여성을 남성의 부양자로 보고 여성을 개별적, 독립적인 존재로 인정하지 않는다는 점이다. 둘째, 국민연금제도는 노동시장에서의 성별 불평등을 소득보장제도로 그대로 전이하고 있다는 점이다.

1) 부양자 모델의 패러다임

에스핑-앤더슨(Esping-Andersen, 1990)은 복지국가의 발전 정도를 탈상품화(de-commodification)의 정도로 설명하고, 이에 따라 복지국가의 유형을 '자유주의적'(liberal) 복지국가, '조합주의적'(corporatist) 복지국가, '사회민주적'(social democratic) 복지국가로 구분하였다. '자유주의적' 복지국가는 소득조사에 의한 공공부조 프로그램을 상대적으로 중시하고, 탈상품화의 효과는 최소화된다. 미국, 캐나다, 오스트레일리아 등이 자유주의적 복지국가에 해당한다. '조합주의적' 복지국가는 보험 원칙을 강조하는 사회보험을 중시한다. 사회보험에 의한 혜택은 시장에서의 지위 차이에 따라 차이가 나기 때문에 탈상품화의 효과에 한계가 있다. 이런 유형에 해당하는 국가들은 오스트리아, 프랑스, 독일, 이탈리아 등이다. '사회민주적' 복지국가는 보편주의 원칙을 통해 사회의 모든 계층이 하나의 보편적이고 포괄적인 복지체계에 통합되기 때문에 탈상품화의 효과가 가장 크다. 이런 유형에 해당하는 국가들은 스웨덴을 비롯한 스칸디나비아 국가들이다. 에스핑-앤더슨의 복지국가에 대한 논의에 대해 여성주의자들은 '탈상품화'는 몰성적이며(gender-blind), 남성의 생활주기에 기초한 개념이라는 비판을 제기하였다(한국여성연구회 역, 2000). 즉, 남성은 대부분의 생활을 시장에서 보내는 반면, 여성은 과거부터 현재까지 시장 밖에서 상품화되지 못한 존재였다는 점을 강조하였다. 또한 국가의 사회복지 프로그램에 의해 여성과 남성이 부분적으로 탈상품화되는 과정을 겪더라도, 여성은 모성조치 등과 같은 공공부조 프로그램의 수혜자인 반면, 남성은 권리에 기반한 사회보험의 청구자가 된다는 점을 강조하였다.

복지국가에 대해 다른 시각에서 여성주의 분석을 제기한 학자들로서 루이스와 오스트너(Lewis & Ostner, 1991)는 부양자 모델(bread-winner model)이라는 새로운 패러다임을 제시하였다. 루이스와 오스트너는 복지 정책이 여성의 역할을 아내와 어머니, 노동자로서 인정하는 정도에 따라 복지국가의 형태를 '강한 부양자 모델', '온건한 부양자 모델', '약한 부양자 모델'로 구분하였다. 강한 부양자 모델에서 여성은 남성의 의존적 존재로서 인정되며, 영국, 독일, 네덜란드 등이 이에 해당한다. 여성의 노동시장 참여를 장려하면서 가족을 강력히 지원하는 정책을 전개해옴으로써 여성의 어머니로서의 역할과 노동자로서의 역할 모두를 인정한 프랑스는 온건한 부양자 모델에 해당한다. 마지막으로, 스웨덴과 덴마크는 두 명의 부양자가 이끄는 가족을 지지하고, 여성을 노동자로 인정하며, 어머니로서의 무급노동에 대해서도 정당한 사회적 보상을 제공하는 약한 부양자 모델에 해당한다.

더 나아가 세이즈버리(Sainsbury, 1994)는 사회보장체제를 분석하기 위한 틀로서 '부양자 모델'과 '개인적 모델(individual model)'을 비교하였다([표 5-1]).

[표 5-1] 사회정책의 부양자 모델과 개인적 모델

차원	부양자 모델	개인적 모델
가족 이데올로기	엄격한 성별 노동분화 남편=소득, 아내=보호	역할 공유
수급권	부부간 차이	부부간 동일
수급권의 근거	부양자	기타
복지혜택의 수여자	가장	개인
복지기여의 단위	가구 또는 가족	개인
조세	부부 공동 조세 (피부양자 공제)	부부 분리 조세 (동일한 조세 감면)
취업 및 임금정책	남성에게 우위	양성에게 동일
보호의 영역	사적	공적(강력한 국가 개입)
보호의 업무	무급	복지수급에 기여

자료: Sainsbury, 1994: 153.

　이 틀에 따르면, 부양자 모델에서 복지 혜택의 단위는 가족인 반면, 개인적 모델에서는 결혼지위와 상관없는 개인이 기본 단위가 된다. 또한 부양자 모델에서 남편은 전일제 고용에 종사하고 아내와 아이들을 경제적으로 부양할 의무를 가지며, 아내는 가족을 돌보는 의무를 가진다. 즉, '남성=생계부양자로서 사회활동전담자', '여성=아내와 어머니로서 가사전담자'의 구분을 강조한다. 따라서 남성의 복지 수급권은 노동자라는 지위에 근거하는 반면, 여성은 남성의 피부양자로서, 즉 아내의 지위로서 또는 어머니의 지위로서 복지의 수급권을 가지게 된다. 이런 경우, 여성 수급권의 수준은 남성 수급권의 수준보다 낮게 책정되는 것이 일반적이다. 하지만 개인적 모델에서는 남편과 아내가 가족의 재정 유지와 자녀 보호의 의무를 공유하는 것을 강조하며, 피부양자에 대한 세금 공제나 수당은 없으나, 가정에서의 보호 업무에 대한 수급권이 보장된다.

우리나라의 대표적인 연금제도인 국민연금제도는 루이스와 오스트너에 따른 '강한 부양자 모델'에 해당하며, 세인즈버리의 구분에 따른 '부양자 모델'에 기초한다. 따라서 여성이 연금제도의 혜택을 받으려면 노동시장에 직접 참가하여 자격요건을 갖추거나 남편이라는 부양자를 가져야 한다. 취업을 하지 않은 기혼 여성은 자신의 가사노동에 대한 보상으로 독자적인 연금 수급권을 획득할 수 없으며, 남편에 의존적인 가족성원의 자격으로 가급연금(spouses' benefit)을 받을 수 있다. 하지만 현재 가급연금의 급여는 생계해결보다는 가족부양의 의무를 매우 미흡하게 인정하는 수준에 불과하다. 최근의 법률 개정에 따라 현재 국민연금 가입자의 배우자로서 소득이 없는 사람(전업 주부)은 본인이 원하는 경우에 임의로 가입할 수 있지만, 아직까지 전업 주부의 임의가입률은 매우 저조한 실정이다.

국민연금제도상 남편과 사별한 기혼 여성은 유족연금을 받으나, 남편에게 지급될 뻔한 노령연금액의 40~60% 수준을 지급받는다. 이혼한 여성의 경우, 배우자의 연금가입기간 중의 혼인기간이 5년 이상인 여성은 배우자가 60세에 도달하여 노령연금을 수급할 때 배우자 노령연금의 1/2이 분할 지급된다. 또한 독자적인 연금 수급권을 가진 사별, 이혼한 여성은 자신의 노령연금과 유족연금 또는 장애연금을 병행하여 수급할 수 없다.

남성부양자 모델에 기초한 국민연금제도는 여성의 가사활동과 가족성원(어린 자녀, 병자, 장애인, 노인)의 보호에 대하여 정당한 가치를 부여하지 않고 있다. 즉, 임금을 벌어들이는 노동만을 가치

있는 일로 평가하기 때문에 전업주부의 가사노동과 가족원을 돌보는 노동에 대해 사회적인 보상을 전혀 제공하지 않는다. 여성이 담당하는 아동, 장애인, 노인 또는 병자에 대한 보호노동을 사회적 기여로 인정하여 해당기간을 연금가입기간으로 계산하는 일부 선진국들과 비교할 때, 현행 국민연금제도는 여성들에게 소득보장에서 매우 큰 불이익을 주고 있다.

결과적으로, 우리나라에서 기혼 여성은 배우자에게 경제적으로 의존하는 삶을 지속할 수밖에 없는 실정이며, 사별하거나 이혼 이후의 여성은 독립적인 삶에 필요한 경제적 기반을 확보하는 데에 상당한 제약이 있다. 오늘날 우리 사회가 경험하고 있는 이혼율의 증가, 가족구조의 변화 등을 고려할 때, 남성부양자 모델의 실효성은 더욱 약화되고 있다.

2) 노동시장의 성별 불평등의 전이

여성의 경제활동은 남성과는 달리 비지속성이라는 특성을 보이며, 비정규직에 종사하는 여성근로자의 비율은 남성보다 훨씬 높고, 남녀간 임금격차에 따라 여성의 임금은 남성보다 낮다. 외형상 국민연금제도는 경제활동에 참여하는 남녀간의 차별이 없는 듯이 보이나, 노동시장의 성별 불평등에 따라, 즉 고용구조, 경제활동참가 유형, 임금 구조 등에서 나타나는 성차별을 그대로 반영함으로써, 여성이 남성보다 열악한 연금수급권을 갖는 결과를 초래하고 있다.

여성이 취업을 통해 국민연금제도의 소득보장을 받는 경우, 여성은 남성에 비해 상대적으로 근로활동기간이 짧고 임금수준이 낮기 때문에 연금급여가 낮을 가능성이 있다. 취업한 여성의 경우에도, 상당수는 근속경력의 미흡 혹은 불안정한 고용형태로 인해 노동경력에 입각한 연금 수급권을 획득하기가 쉽지 않은 상황이다. 현행 국민연금법에 따르면, 무급가족종사자, 일용근로자, 3개월 이내의 기한부로 사용되는 근로자, 소재지가 일정하지 아니한 사업장에 종사하는 근로자, 시간제 근로자 등 사업장에서 상시 근로에 종사할 목적으로 사용되는 자가 아닌 자 등은 사업장 가입자의 대상에서 제외된다. 1999년 현재 여성취업자 가운데 무급가족종사자와 일용근로자의 비율은 각각 20.3%와 14.3%인데 비해, 남성은 1.9%와 9.2%에 불과하다. 시간제 근로자를 성별로 구분하면, 1999년 현재 여성 시간제 근로자는 554,000명인데 비해, 남성 시간제 근로자는 299,000명에 불과하여 시간제 근로자 중에서 여성비율은 65.0%인 것으로 나타났다(김태홍·이정우·김용하, 2000). 즉, 여성은 불안정 고용으로 인해 남성에 비해 연금에서 불리할 수밖에 없다.

결과적으로, 남성취업자의 대부분은 국민연금제도의 가입대상인데 비해서, 여성취업자의 대부분은 경제활동을 하여도 국민연금제도의 적용대상에서 제외되는 현상이 발생하고 있다. [표 5-2]에서 보듯이, 2000년 현재 여성 취업자의 약 2/3는 경제활동을 하여도 국민연금제도의 적용대상에서 제외되는 것을 알 수 있다. [표 5-2]에서 30~49세 사이의 가입자 비율이 상대적으로 낮은 이유는 이 연령층의 여성들이 취업을 하더라도 국민연금의 적용을 받지 않는 비정규직이나 영세 자영업에 종사하는 취업형태를 띠기 때문으로 볼 수 있으며, 이는 가족을 돌보는 재생산적 역할을 수행하기 위한 것으로 이해할 수 있다.

이처럼 국민연금제도의 여성수급권에 대한 문제가 제기된 것은

[표 5-2] 연령대별 여성의 국민연금 가입 현황　　　　　　(단위: 천명, %)

	인구 (A)	경제활동 인구 (B)	취업자 (C)	국민연금 가입자 (D)	D/A	D/B	D/C
15~19세	1,828	229	199	84	4.6	36.7	42.2
20~24세	1,751	1,065	984	476	27.2	44.7	48.4
25~29세	1,928	1,077	1,036	548	28.4	50.9	52.9
30~34세	1,880	911	886	344	22.0	37.8	38.8
35~39세	2,053	1,213	1,183	376	18.3	31.0	31.8
40~44세	2,043	1,296	1,260	433	21.2	33.4	31.8
45~49세	1,558	1,007	985	343	22.0	34.1	34.4
50~54세	1,210	668	655	299	24.7	44.5	45.6
55~59세	1,097	557	548	305	27.8	54.8	55.7
60세 이상	3,282	978	972	55	1.7	5.6	5.7
전체	18,629	9,000	8,707	3,263	17.5	36.3	37.4

자료: 박영란 외, 2001: 104.

비교적 최근이다. 1990년대 중반 여성단체들을 중심으로 이와 같은 문제가 제기되기 시작하였다. 하지만 여성의 사회보험 수급현황, 소득보장욕구 등에 대한 기초조사는 아직까지도 매우 미흡한 상황이다. 최근의 자료에 따라 여성의 국민연금제도에 대한 접근성과 급여의 권한과 관련한 실증적 자료를 요약하면 아래와 같다(한국여성개발원, 2002).

· 2000년 말 현재 국민연금제도의 전체 가입자는 약 1,200만명이며, 여성 가입자의 비율은 27.7%에 불과하다. 이는 여성의 종사비율이 높은 5인 미만 사업체의 미가입, 여성의 불완전 고용, 여성 취업자

중 가족종사자의 국민연금 미적용 등에 기인한다.
· 여성연금 가입자는 2000년 현재 총 3,263,955명으로 15세 이상 여
성 인구의 17.5%, 여성 경제활동인구의 36.3%, 취업자의 37.4%에
불과하다.
· 여성은 남성에 비해 상대적으로 저소득 등급에 밀집하여 분포하고
있다.
· 급여종류별 여성수급자 비율은 노령연금 28.1%, 장애연금 9.6%, 장
애일시보조금 8.7%로 나타났다. 유족연금수급자는 여성이 남성에
비해 월등히 많아 2000년 현재 92.2%였으며, 반환일시금은 43.5%,
사망일시금은 29.2%를 차지하였다.
· 각 급여별로 여성들이 수급하는 급여액수의 비율을 보면, 노령연금
17.4%, 장애연금 7.7%, 장애일시보조금 8.1%, 유족연금 94.6%, 반
환일시금 24.2%, 사망일시금 33.1%로 나타났다. 국민연금제도내의
대다수 여성들이 독립적인 수급권을 가지지 못하고, 피부양자인 유
족으로서만 수급권을 가지는 것을 알 수 있다.

성인지적 관점에서 볼 때, 국민연금제도는 양성부양자 혹은 개인
적 모델이 아닌 남성부양자 모델을 기본 패러다임으로 설정하고 있
기 때문에 수급권의 성차별에 대한 문제는 지속적으로 제기될 것으
로 보인다. 더욱이 일용직 근로자의 구성비는 서비스업의 확장과
기업의 노동유연화 전략으로 인해 지속적으로 증가할 것이며, 일용
직 근로자의 증가는 대부분 여성을 중심으로 이루어질 것으로 전망
할 수 있다. 따라서 국민연금제도의 적용대상을 일용직 근로자나
시간제 근로자까지 확대하는 방안을 마련하지 않으면, 성차별적인
영향은 더욱 확대될 것으로 보인다. 또한 여성의 가정에서의 보호
업무에 대한 수급권과 가사노동에 대한 수급권을 보장하지 않는다
면, 여성은 소득보장에서 불이익을 감수하는 결과가 지속될 것으로
보인다.

2. 국민기초생활보장제도

정부의 공공부조는 1999년 9월에 제정되고 2000년 10월부터 시행되기 시작한 국민기초생활보장제도에 따라 크게 변화하였다. 국민기초생활보장제도는 빈곤선 이하의 모든 국민에게 최저생활을 보장함으로써 사회 안전망을 구축하기 위한 제도이다. 기존의 생활보호제도가 대상자에 대한 '보호적 성격'을 강조한 반면, 국민기초생활보장제도는 수급자의 '권리적 성격'을 강조한다. 즉, 기존의 생활보호제도가 연령, 근로능력 여부 등의 제한이 있었던 반면, 국민기초생활보장제도는 대상자의 구분을 폐지하고, 수급자 선정기준에 해당하는 모든 가구에 대하여 연령과 근로능력과 관계없이 기본적인 생활을 보장하기 위한 제도이다. 급여의 종류로는 생계급여, 주거급여, 의료급여, 교육급여, 해산급여, 장제급여, 자활급여가 있으며, 이 가운데 의료급여는 진료비 전액을 무료로 지급하는 대상자와 본인이 일부 부담하는 대상자로 구분된다. 또한 자활급여를 통해 근로능력이 있는 계층에 대해서도 최저생계를 보장하고 안정된 취업을 위한 직업훈련과 창업 등을 지원한다.

국민기초생활보장제도는 여성의 빈곤문제와 밀접한 연관이 있는 제도이기 때문에 여성주의 관점에서 비판적으로 검토해볼 필요가 있다. 현재 국민기초생활보장제도의 수급자 중 여성이 차지하는 비율은 약 58%에 이른다([표 5-3]). 특히 자활사업 참여자를 성별비율에 따라 구분하면, 남성이 28.7%, 여성이 71.3%로서 여성이 남성에 비해 높은 비율을 차지하고 있다(보건복지부, 2002).

[표 5-3] 수급자 성별비율

	가구원수				가구수			
	합계	남성	여성	여성비율	합계	남성	여성	여성비율
일반수급자	1,317,000	554,867	762,133	57.8	654,398	294,204	360,194	55.0
조건부수급자	43,560	17,876	25,684	58.9	23,338	11,265	12,073	51.7

자료: 보건복지부, 2001.

국민기초생활보장제도는 시행된 지 이제 5년 정도 되었으며, 제도 전반에 관한 평가는 현재 진행 중이다. 성인지적 관점에서 현재까지 국민기초생활보장제도의 시행과정과 결과를 평가해보면, 제도 자체는 성차별적인 내용을 포함하고 있지 않는 것으로 이해된다. 하지만, 최저생활의 보장에 한계가 있으며, 특히 자활지원정책의 운영 차원에서 여성주의 시각을 보완해야 할 필요성이 제기되고 있다.

1) 최저생활 보장의 한계

국민기초생활보장제도에서 수급자에게 현금으로 지급되는 급여는 가구별 소득평가액과 가구원수를 고려하여 차등 지급되는 방식이다. [표 5-4]에서 보듯이, 현금급여는 최저생계비에 조금 못 미치는 수준에서 지급된다.

선행 연구들에 의하면, 생계급여와 자활사업을 통해 발생하는 소득만으로는 생계를 유지하기가 힘들며, 더욱이 현재 지급되는 생계

[표 5-4] 국민기초생활보장제도 소득 및 재산기준

가구규모	1인	2인	3인	4인	5인	6인
최저생계비	401,000	669,000	908,000	1,136,000	1,303,000	1,478,000
현금급여 기준	343,000	572,000	777,000	972,000	1,115,000	1,264,000

자료: 보건복지부, 2004a.

비는 자립 혹은 자활하기에는 매우 부족한 수준인 것으로 나타나고 있다. 또한 기초생활보장제도의 현금급여는 원칙적으로 보충급여 방식을 채택하고 있다. 보충급여방식에 따르면, 현금급여 이전 후 빈곤 갭은 완전히 제거되어야 한다. 하지만 일반수급가구의 경우에 빈곤 갭이 완전히 제거되는 가구는 21.7%에 불과한 것으로 나타났다(박영란 외, 2002). 따라서, 기초생활보장제도의 생계비 지급은 최저생활을 보장하지 못하며, 빈곤여성의 경제적 문제를 해결하는 데에는 큰 한계가 있음을 알 수 있다.

2) 자활지원사업에 대한 성 인지적 분석

저소득층에 대한 자활지원정책은 지속적으로 이루어지고 있었으나, 국민기초생활보장제도가 시행되면서 본격적으로 시작되었다. 자활지원은 노동능력이 있는 빈곤층에게 생계급여를 제공함과 동시에 자활지원사업을 통해 자립기회를 증진하기 위한 근로연계형 복지체계(workfare)로서 진행되고 있다. 현재 정부의 자활사업은 자활공동체, 자활근로사업, 생업자금융자, 전세점포 임대지원 등을 통해 이루어지고 있다. 또한 근로능력과 의욕이 있는 수급권자들을 대상으로 취업알선, 직업훈련, 자활인턴지원사업 등의 취업지원프로그램을 제공하고, 근로의욕이 부족하거나 알코올남용 등으로 사회적응이 어려운 수급권자들에게는 재활프로그램을 제공하고 있다.

자활지원정책은 특히 여성주의 관점을 반영할 필요가 있다. 무엇보다, 자활대상자들 가운데 여성이 절반 이상을 차지하기 때문이며, 자활대상 빈곤여성들은 빈곤남성들과는 다른 상황에 처해 있기 때문이다. 자활대상 여성 가구의 92%는 배우자와 이혼 또는 사별, 별거하였고, 5% 정도만이 배우자가 있는 것으로 나타났다. 반면, 남성수급자들의 74%는 배우자가 있는 것으로 나타났다(박영란 외, 2002). 또한, 자활대상 여성들은 남성들과는 다른 문제들을 경험하는 것으로 나타나고 있다.

첫째, 자활대상 여성들의 상당수는 건강문제를 가지고 있으며, 저학력, 고연령, 일의 낮은 숙련도와 직업력 등 인적자본이 취약하다. 따라서 주로 생산기능직, 식당 및 파출부, 판매직 등과 관련한 단순 노무직이나 일용 혹은 임시직에 종사함으로써 소득 불안정에서 벗어나기가 쉽지 않다.

둘째, 가족들의 유병률 역시 높아 대부분의 빈곤여성들은 가장의 역할과 함께 가족을 수발하고 보살피는 부담을 동시에 가지고 있는 것으로 나타났다. 또한 미취학 자녀들의 보육과 취학 자녀들의 방과후 보육 문제가 심각한 수준인 것으로 드러났다. 즉, 대부분의 빈곤여성은 가사와 육아, 가족의 간병을 책임지고 있다. 하지만 이를 지원해줄 복지 인프라가 구축되어 있지 않은 상태에서 이와 같은 가족 요인들은 자활에 방해가 되는 요인들로 작용하고 있다. 실제로 여성 자활대상자들 가운데 집안일과 자녀양육으로 인해 자활사

업에 참여하지 못하는 비율은 남성 대상자들보다 훨씬 높은 것으로
나타났다.

셋째, 성차별적인 노동시장의 문제로서 남성은 임금소득자이며
가족부양자, 여성은 가사와 양육전담자이며 가족피부양자라는 성
별체계에 따른 가족제도, 복지정책, 노동시장의 성격에 따라 빈곤
여성들은 주변화된 노동자의 지위에 머물고 있다. 따라서 자활대상
여성들은 빈곤뿐 아니라 사회적으로 소외되기 쉬운 취약한 상태에
놓여 있다.

자활지원사업에 대한 최근의 분석에 따르면, 현재의 자활지원체
계는 위에서 살펴본 빈곤여성들의 특성과 욕구를 충분히 고려하지
못하고 있는 것으로 나타나고 있다(강남식·신은주·성정현, 2002;
박영란 외, 2002; 서울시여성청년실무조사팀, 2001). 빈곤여성의 자
활을 활성화하기 위해서는 자활대상 여성들의 특성을 고려한 취업
기술, 직업의식, 건강, 심리상담과 관련한 프로그램을 개발하고 지
원할 필요가 있다. 하지만 성 인지적 시각이 전혀 반영되지 않은
현재의 자활지원사업은 빈곤여성의 자활을 지원하는 데에 한계가
있다. 예를 들어, 남성참여자와 여성참여자간에 선호하는 자활사업
이 매우 다르지만, 이에 대한 배려가 거의 없는 것으로 나타났다.
남성참여자들이 선호하는 자활사업(예, 건설 및 집수리, 재활용 등)
은 대부분 정부가 실시하고 있는 5대사업[2]에 속하는 반면, 여성참
여자들이 선호하는 자활사업(예, 봉제 및 홈패션, 제과 및 제빵 등)
은 모든 자활후견기관에서 실시하기보다는 각 자활후견기관들이
지역의 특성에 맞게 실시하는 자활사업임이 밝혀졌다. 여성들이 실

---

2) 정부는 5대 자활사업으로서 청소, 집수리, 간병인, 음식물 재활용, 폐품 재활용,
잡화를 포함하였다.

제로 가장 많이 참여하는 사업단은 간병인, 봉제, 도시락 등의 순서로 나타났는데, 이와 같은 사업단을 선택한 이유에서도 여성들의 절반 이상은 담당자의 권고나 다른 선택의 여지가 없기 때문인 것으로 조사되었다.

자활사업이 빈곤여성의 실질적인 취업과 연결될 수 있도록 지원할 필요가 있다. 또한 자활지원정책이 요구하는 여성들의 생산적 역할이 여성들의 재생산적 역할수행과 충돌하며 제도의 실효성을 저하시키지 않도록 보육서비스, 간병 지원 등 자녀 양육과 가족 보호의 부담을 경감하기 위한 서비스를 적극 제공할 필요가 있다. 이 밖에도 빈곤여성의 자활을 지원하기 위해서는 성인지적 자활 프로그램을 개발하고, 자활대상 여성들뿐 아니라 자활후견기관 담당자들, 자활지원정책 입안자와 결정자들을 대상으로 성인지력 향상 교육프로그램을 시행할 필요가 있다.

3. 모자복지서비스

1) 모자가정[3])의 현실적 상황에 대한 인식

우리 사회에서 한부모와 자녀로 구성된 모·부자가구의 수는 전

---

3) '모자가정'이란 사별, 이혼, 유기 등으로 인해 남편이 없거나 남편이 있어도 장애, 군복무, 복역 등으로 인해 장기간 근로능력을 상실한 여성인 母와 母가 양육하는 18세미만의 자녀로 이루어진 가정이다. '모자가정'이라는 용어는 결손 혹은 문제를 가진 가정이라는 부정적 의미가 담겨 있기 때문에 '한부모가족'이라는 용어로 대체되고 있다. 이 절에서는 현행 <모·부자복지법>에 명시되어 있는 '모자가정', '모자복지서비스', '모자복지사업' 등의 용어를 그대로 사용한다.

반적으로 증가하는 추세이다. 전체가구 가운데 모·부자가구가 차지하는 비율은 1985년 8.9%, 1990년 7.8%, 1995년 8.6%, 2000년 9.4%로 증가하였다(통계청, 2001). 전체 모·부자가구 가운데 저소득층을 위한 공공부조를 받고 있는 저소득 모·부자가구는 약 7.1%에 해당하며, 저소득 모·부자가구 가운데 81.6%가 모자가구인 것으로 나타났다. 모·부자복지법4)상의 보호를 받고 있는 모자가정에서 모자가정의 발생원인은 이혼(43.7%), 남편 사망(43.3%), 남편 가출 및 유기(5.4%), 미혼모(4.7%), 기타(2.9%)로 나타나고 있어(보건복지부, 1997), 이혼과 사별이 모자가정을 이루는 주요 원인임을 알 수 있다.

모자가정은 '빈곤의 여성화(feminization of poverty)' 현상을 단적으로 드러내는 집단으로 볼 수 있다. 빈곤의 여성화는 1970년대 후반 미국 학자 피어스(Pearce)가 제기하였으며, 이후 많은 학자들은 이를 세계적인 현상으로서 설명하였다. 즉, 전세계 빈곤인구 가운데 70%가 여성이며, 여성의 빈곤 상태는 남성보다 심각하고, 여성의 빈곤율은 남성보다 더욱 빠르게 증가하고 있다는 것이다. 이와 같은 현상은 여성의 결혼지위에 따른 차별, 성차별적인 노동시장, 여성중심적 사회보장제도의 미비 등에 기인한다.

저소득 모자가정이 겪는 어려움은 크게 경제적 문제, 자녀양육 문제, 건강 문제, 심리사회적 문제 등을 포함한다(박영란, 1998; 보건복지부, 1997; 한국보건사회연구원, 1995, 2000).

첫째, 남편의 상실로 인해 주수입원인 소득이 일반적으로 1/2 혹

---

4) 1989년에 제정된 <모자복지법>에 따라 정부는 1990년부터 시설보호사업을, 1991년부터 재가 모자가정 보호사업을 시작하였다. 부자가정에 대해서는 1995년부터 지원이 시작되었으며, 모자가정 지원지침에 따르고 있다.

은 1/3로 감소된다. 저소득 모자가정에서 대부분의 여성 가구주는 취업을 하고 있음에도 불구하고 빈곤한 것으로 나타나기 때문에, 모자가정의 빈곤은 더욱 심각한 문제로 볼 수 있다. 1999년의 경우, 저소득 재가 모자복지 대상 가운데 여성 가구주의 88%는 취업한 상태였으며, 대부분은 일용직(47.5%), 월급직(27.0%), 자영 혹은 행상(13.4%)인 것으로 나타났다.

둘째, 여성 가구주는 생계유지를 위해 일을 해야 하기 때문에 자녀양육에서 어려움을 느끼는 것으로 보고하고 있다. 자녀양육의 문제는 아동학대 및 방임의 문제로 이어질 수도 있으며, 특히 자녀교육의 한계로 인해 '빈곤의 세습화'로 이어질 수 있다.

셋째, 여성 가구주의 절반 정도가 건강상의 문제가 있다고 보고하고 있다.

넷째, 소위 '결손 가정'이라는 사회적 편견에 따른 스트레스, 환경 통제에 대한 무력감, 과중한 역할부담, 외로움, 분노, 자기 비난, 우울, 소외감 등의 심리사회적 문제를 가지는 것으로 나타났다.

2) 저소득 모자가정을 위한 모자복지서비스의 한계

대부분의 저소득 모자가정은 위에서 살펴본 국민기초생활보장제도의 수급권을 가지지 못하는 차상위 계층이며, 이 가운데 일부는 모·부자복지법에 의한 보호를 받고 있다. 모자복지 대상자의 선정 기준은 국민기초생활보장제도의 기준보다 높게 책정되어 있다. 예를 들어, 2005년 3인 가구의 경우, 국민기초생활보장제도의 908,000원보다 272,000원이 높은 1,180,000원으로 설정되어 있다 ([표 5-5]).

[표 5-5] 2005년도 저소득 모자가정 선정기준

가구원수	2인	3인	4인	5인	6인
재 산	5,262만원	5,812만원	6,330만원	6,677만원	7,046만원
월소득	870,000원	1180,000원	1,480,000원	1,690,000원	1,920,000원

자료: 보건복지부, 2005.

[표 5-6] 모자시설의 종류

시설별	시설수	대상	보호기간	입소정원
모자보호시설	40	18세미만의 자녀를 양육하는 무주택 저소득 모자가정	3년 (+2년)	1,149세대
모자자립시설	4	모자보호시설에서 퇴소하였으나 자립준비가 미흡한 모자가정	3년 (+2년)	61세대
모자일시 보호시설	14	배우자로부터 학대받는 어머니와 아동 혹은 어머니	6개월 (+3개월)	459명
미혼모시설	10	미혼의 임신여성	6개월 (+6개월)	377명
양육하는 미혼모를 위한 중간의 집	5	2세 미만의 영유아를 양육하는 미혼모로서 보호를 요하는 여성	1년 (+3월)	50명

자료: 보건복지부, 2004b.

모자복지서비스의 대상자로 선정된 저소득 재가 모자가정은 중·고등학생 자녀의 학비 지원, 6세 미만 아동의 양육비 지원, 복지자금 대출, 영구임대주택 입주지원, 직업훈련 및 취업알선, 상담서비스를 제공받을 수 있다. 또한 자격요건을 갖춘 저소득 모자가정들 가운데 일부는 생활시설 내에서 일정 기간 동안 보호를 받을 수 있다[표 5-6]). 생활시설에 거주하는 동안 생계비(자립시설 제외), 중·고등학교 학비지원, 방과후 지도, 아동급식비 지급(자립시설 제외), 보육비용 지원, 직업훈련기간 중 가계보조수당 지급, 3년 이상 기거 후 퇴소한 세대에게 자립정착금 지급, 복지자금 융자지원, 영구임대주택 입주지원 등을 지원받을 수 있다.

하지만 정부는 한정된 예산의 범위 내에서 모자복지사업을 시행하고 있으며, 저소득 모자가정에 대한 지원 대상자 역시 예산의 범위 내에서 선정하고 관리한다. 따라서 저소득 모자가정에 대한 전반적인 사회복지정책 및 프로그램의 수준은 매우 열악한 실정이다. 위에서 살펴본 대로 모자가정은 경제적 어려움뿐 아니라 자녀 양육의 어려움, 건강상의 문제, 심리사회적 어려움 등을 겪고 있다. 그러나 제한된 예산에서 저소득 여성들의 경제적, 건강, 자녀양육, 사회심리적 문제 등에 종합적인 지원을 제공하기에는 큰 한계가 있다.

인적 자본이 취약한 저소득 여성 가구주들은 취업을 하더라도 저임금, 단순직, 임시직, 영세 사업장에 치우쳐 있기 때문에 경제적 자립을 위한 직업훈련이 필요하다. 하지만 여성 가구주들의 직업훈련 중 생계급여의 액수와 기간이 충분하지 않기 때문에 직업훈련을 취업으로 연계하는 데에 어려움이 있다. 또한 저소득 여성 가구주들의 건강상태가 좋지 않다는 점을 고려할 때, 의료보호 등의 의료적 지원이 필요하지만 현행 의료보호는 국민기초생활보장제도의 수급자로 한정되어 있다. 또한, 현재 아동양육비 지원액 역시 매우 미흡하며, 자녀양육 및 교육문제를 위한 대책을 마련하지 못하고 있고, 주거보장을 위해 일정량의 영구임대주택을 모자가정에게 우선 공급하지만 현실적으로 수요에 비해 공급이 매우 부족한 실정이다. 저소득 모자가정을 위한 상담사업은 시·도 및 시·군·구에 모자복지상담소를 설치하고 모자복지상담원을 배치하여 상담사업을 하도록 하였다. 하지만 대부분의 모자복지상담원은 요보호 여성에 대한 상담과 지도를 주요 업무로 하는 여성복지상담원이 겸임하고 있으므로 저소득 모자가정에 대한 상담사업은 매우 미흡한 실정이다. 모자보호시설은 주거보장뿐 아니라 집중적인 전문 개입이 필요한 고위험 집단에게 다양한 서비스를 제공하기 위한 목적을 가진다. 하지만 현재 시설에서 모자가정의 욕구를 충족하고 자립을 지원하기에는 한계가 있다.

저소득 모자가정을 위한 예산을 확충함으로써 복지급여의 적용범위와 급여의 규모를 확대할 필요가 있다. 또한 이들의 자립을 지원하기 위한 보다 종합적이고 전문적인 프로그램을 개발하여야 하며, 지역의 자원을 활용하거나 연계하는 방안을 마련해야 한다. 특히 지역사회 고용정보망, 자녀보육 및 방과후 지도, 지역사회복지관과의 연계 프로그램 등을 활용하기 위한 방안을 마련할 필요가 있다.

이 밖에도 모자가족의 심리정서 지원 프로그램, 부모교육 프로그램, 능력고취 프로그램을 개발하고, 모자가족을 위한 지역사회 연계를 구축하기 위한 방안을 마련해야 한다. 저소득 모자가정을 위한 가정봉사원 서비스 등 다양한 복지서비스를 받을 수 있도록 연계할 필요가 있으며, 공공 자원뿐 아니라 지역사회 민간 자원도 적극 활용할 수 있도록 연계하고 조정하는 사례관리의 필요성이 제기된다.

3) 모자복지서비스에 대한 성 인지적 분석

모자복지법은 모·부자복지법으로 명칭이 변경되기는 하였으나, 여전히 여성을 아동의 주요 양육자로 여기고, 여성에게 '보호자'의 역할을 강조하는 가부장제에 입각한 사회복지정책으로 이해할 수 있다(이혜경, 1994). 즉, 여성을 독립적인 존재로 지원하기보다는 여성의 재생산적 역할을 강조함으로써 기존의 가부장제적 가치를 강화하는 정책이라는 비판을 받을 수 있다.

외국의 경우, 모자가정의 소득보장은 아동수당을 통해 이루어지는 경우가 흔하며, 여성 가구주의 자활을 적극 지원하는 정책 및 프로그램이 제공되고 있다. 대표적인 국가들의 한부모가족을 위한 복지정책과 서비스를 살펴보면 다음과 같다.

미국의 빈곤 한부모가족을 위한 가장 대표적인 현금급여 공공부조제도는 1997년부터 시작된 TANF(Temporary Assistance for Needy Families) 프로그램이다. 기존의 AFDC 프로그램이 TANF 프로그램으로 대체되면서, 수급자가 일정 기간내에 근로를 통해 자활하도록 적극 지원하고 있다. 이 밖의 공공부조제도로서 의료보호제도(Medicaid), 식품부조제도(Food Stamp), 저소득세대 주택부조제도(Rental Supplement) 등을 통해 빈곤 한부모가족을 적극 지원하고 있다.

영국의 한부모가족에 대한 지원은 크게 소득보장과 자활지원으로 구분된다. 소득보장은 한부모를 위한 아동수당(Child Benefit for Lone Parent), 공공부조로서 한부모를 위한 추가 소득보조, 주택급여, 지역사회부담급여 등을 포함한다. 자활지원은 한부모가족을 위한 뉴딜(New Deal for Lone Parent)로서 한부모가 자활할 수 있도록 상담, 교육, 훈련, 훈련기간 동안 가족생계 보조금 지급, 보육 서비스, 방과후 아동지도 서비스 등 포괄적인 서비스를 제공한다.

스웨덴은 잔여적 개념이 아닌 보편적 개념의 사회보장제도를 실시하는 나라로서, 모든 여성과 자녀는 혼인상태 혹은 가족형태에 상관없이 일정한 경제수준에 다다르지 못하면, 사회보장제도의 혜택을 받기 때문에, 모자가정에 대한 정책을 별도로 마련하지 않고 있다.

일본은 한부모가족을 위한 소득보장으로서 아동부양수당을 제공하며, 이 밖에도 자활을 지원하기 위한 대부사업, 자립촉진사업, 생활지도사업, 상담 등을 제공하고 있다.

외국의 모자복지서비스를 분석해보면, 보편주의적 사회보장제도와 개인적 모델을 지향하는 국가일수록 여성을 위한 복지서비스가 전체 사회복지서비스 전달체계에 통합되어 있는 반면, 잔여주의적인 사회보장제도와 부양자 모델을 지향하는 국가일수록 여성을 위한 복지서비스는 분리되어 있는 특징을 보인다(박영란 외, 2000). 또한 대부분의 서구 복지국가들은 가족정책이나 사회보장제도를 통해 한부모가족에 대한 부가급여를 실시함으로써 저소득 모자가정에 대한 자립을 지원하고 있다. 우리나라 모자복지서비스는 대표적인 잔여주의적 공공부조 제도이며, 여성의 재생산자로서의 역할을 강조하는 반면, 생산자로서의 역할에 대한 고려가 부족하다.

저소득 모자가정의 자립지원정책은 '빈곤의 여성화' 문제를 해결하기 위한 거시적 차원에서 고려되어야 한다. 우리나라도 저소득 모자가정을 위한 소득보장과 자활지원, 자녀에 대한 지원, 의료적 지원, 심리사회적 지원을 위한 보다 적극적인 정책과 프로그램을 마련해야 한다.

또한 사회 전반적으로 아동, 장애인, 병약자 등 사회적 약자를 돌보는 책임을 사회화할 필요가 있다. 이 밖에도 저소득 여성 가구주를 위한 사회 안전망의 확충과 적극적인 노동시장 정책을 중심으로 종합적인 프로그램을 수립함으로써 "여성의 생산적 역할과 재생산 역할을 충분히 지원할 수 있는 인프라를 구축할 필요가 있다. 즉, 공공부조제도를 통한 생계보장과 동시에 장기적인 노동시장 프로그램을 통한 고용창출을 이룸으로써 노동시장에서의 주변화로 인한 여성 가구주의 빈곤문제를 해결하는 방안을 마련해야 한다.

4. 여성복지정책의 개선 방향

여성을 남성의 피부양자로 인식하는 복지정책의 기본 전제와 성차별적 내용을 수정하지 않는 한, 빈곤의 여성화는 더욱 가속화될 가능성이 있다. 무엇보다 여성 욕구에 대한 기초조사와 자료를 수집할 필요가 있으며, 이에 근거한 복지제도와 서비스를 개발하고, 서비스의 질적 수준을 향상하기 위한 노력을 기울여야 한다.

다음에서는 여성복지정책의 개선을 위해 국민연금제도의 보완, 빈곤 여성 및 모자가정에 대한 지원, 보호성원이 있는 가족에 대한 지원 방안 등을 제시한다. 마지막으로, 사회변화를 위해 개별 여성뿐 아니라 여성복지 관련자들의 의식고양과 능력고취가 필요함을 제시한다.

1) 성인지적 통계자료의 생산

여성복지정책을 성인지적으로 분석하기 위해서는 실증적 자료들이 축적되어야 한다. 최근 이런 시도들이 이루어지고 있지만, 국민연금을 비롯한 건강보험, 고용보험, 산재보험 등의 사회보험제도와 국민기초생활보장제도의 시행과정에 대한 성분석을 위해 성인지적 통계자료를 생산하는 작업이 선행되어야 한다. 예를 들어, 자활대상자에 대한 세분화된 성별 통계, 조건부 수급자의 자활유형에 대한 성별 통계, 자활지원사업의 결과에 대한 성별 통계 등을 산출할 필요가 있다.

2) 연금제도의 개선

성인지적 관점에서 성평등적인 사회보험제도를 구축하기 위해서는 다음과 같은 개선방향을 제시할 수 있다.

첫째, 국민연금제도는 남성 가장에 의해 생계를 유지하는 전통적 가족형태를 지원하는 반면, 여성 가구주 비율의 급속한 증가, 가족 유형의 다양화 등 오늘날 빠르게 변화하는 가족관계의 변화를 적절히 반영하지 못하고 있다. 국민연금제도에서 취업하지 않은 기혼여성은 비현실적인 수준의 가급급여를 통해 연금 수급권을 획득하는 것이 일반적 방식이 되고 있다. 현재와 같이 여성의 가정에서의 보호 업무에 대한 수급권과 가사노동에 대한 수급권을 보장하지 않는다면, 여성은 소득보장에서 불이익을 감수하는 결과가 지속될 것으로 보인다. 즉, 남성부양자 모델을 기본 패러다임으로 설정하는 한, 수급권의 성차별에 대한 문제는 지속적으로 제기될 것으로 보인다. 따라서 국민연금제도의 기본 패러다임을 남성부양자 모델에서 양성부양자 모델로 전환할 필요가 있으며, 가족부양의 원칙을 벗어난 1인 1연금제도로서 개별 수급권을 부여할 필요가 있다.

둘째, 노동시장의 성별 불평등을 보완하기 위한 방법을 적극 모색할 필요가 있으며, 연금의 적용대상에 비정규직 근로자를 적극 포함할 필요가 있다. 경제활동을 하는 여성들 3명 가운데 2명은 국민연금제도를 통해 소득보장을 받지 못하게 된다. 일용 근로자의 구성비는 서비스업의 확장과 기업의 노동유연화 전략으로 인해 지속적으로 증가할 것이며, 일용 근로자의 증가는 대부분 여성을 중심으로 이루어질 것으로 전망할 수 있다. 국민연금제도의 성차별적인 영향을 확대하지 않기 위해 적용대상을 일용직 근로자와 시간제 근로자까지 확대하는 방안을 마련해야 한다. 이런 방안이 마련되지 않는다면, 성차별적인 영향은 더욱 확대될 것으로 보인다. 또한 노후의 최저소득을 기초연금[5]의 형태로 제공하는 방안도 적극 고려해볼 필요가 있다(엄규숙, 2002).

셋째, 여성의 가사노동에 대한 수급권을 인정할 필요가 있으며, 여성이 하는 가정 내 아동, 노인, 장애인에 대한 보호노동을 사회적 기여로 인정하고 해당기간을 연금가입기간에 포함할 필요가 있다. 특히 여성의 출산, 육아, 가족성원(노인, 병자, 장애인 등)의 보호를 위한 일정기간 동안의 연금보험료 납부를 면제해주는 연금크레딧 제도를 도입할 수 있다. 여성의 가족원을 돌보는 노동을 실질적인 가치가 있는 노동으로 인정하는 원칙을 세우는 경우, 남성과 여성이 퇴직시 연금소득에 대한 개별적인 권리를 보장해줄 수 있고, 가정보호기능의 사회적 가치와 중요성을 반영할 수 있다.

넷째, 연금분할제도의 개선을 통해 이혼 여성의 연금분할 시점을 배우자의 연금수급권이 발생한 시점에 청구하게 되어 있는 사후 분

[5) 기초연금이란 일정 연령 이상의 모든 국민에게 연금보험료 납부와는 상관없이 제공되는 연금이다.

할방법에서 선진국에서와 같이 이혼시점에 하는 사전적 분할방법을 검토할 필요가 있다. 또한 이혼 후 여성이 제도가입을 통해 별도로 연금수급권을 확보하게 될 경우에도 분할연금의 점수를 토대로 노후의 경제적 독립성을 확보할 수 있도록 하여야 하며, 이혼 후 여성이 재혼을 하게 될 경우에도 분할연금의 수급권이 인정되어야 한다.

3) 빈곤여성에 대한 공공부조의 개선

국민기초생활보장제도는 여성들에게 탈빈곤의 기회를 제공할 수 있는 공공부조제도로서, 빈곤여성의 특성과 욕구를 반영한 성 주류화의 접근이 필요하다. 이를 위해 다음과 같은 개선방향을 제시할 수 있다.

첫째, 무엇보다 보충급여의 원칙을 이행할 필요가 있다. 빈곤 여성들이 성별화된 노동시장에서 취업과 구직하는 데 어려움을 겪는 것을 감안할 때, 공공부조를 통한 빈곤 여성들에 대한 현실적인 지원이 필요하다. 여성 수급자의 기초생활보장의 수준을 확보하기 위해서는 자녀교육을 위한 지원, 주거보장, 의료보장 등도 강화할 필요가 있다.

둘째, 자활지원사업을 성 인지적으로 운영하여야 한다. 여성참여자를 위한 자활사업 종류를 다양화하고 광역화하여야 하며, 만성질환을 가진 여성참여자를 지원하는 정책과 서비스를 개발할 필요가 있다. 또한 여성참여자들의 가사와 자녀양육, 가족 성원의 보호부담을 경감하기 위한 정책적 지원이 필요하다. 즉 여성의 재생산적 역할을 지원하여야만 생산적 역할을 성공적으로 수행할 수 있음을 인식할 필요가 있다.

셋째, 빈곤여성들의 대다수는 연령, 건강상태, 가사와 자녀양육
에서 오는 부담 등을 고려하여 노동시장으로의 진입이 어려운 현실
적인 상황에서 자활사업에 남을 가능성이 높다. 따라서 여성 수급
자의 빈곤을 감소시키기 위해서는 공공부조를 통한 지원 이외에도
노동시장에서의 성차별을 감소시키기 위한 노력이 반드시 필요하
다.

4) 빈곤 모자가정에 대한 지원

모자가정은 '빈곤의 여성화'를 단적으로 드러내는 집단이다. 모
자가정의 빈곤 문제를 해결하기 위해서는 공공부조를 통한 생계보
장을 이루어야 함과 동시에 여성의 생산적 역할을 고려한 장기적인
노동시장 프로그램이 필요하다.

현재와 같이 한정된 예산 범위에서 실행되는 잔여적 개념의 복지
정책으로서 빈곤 모자가정의 자립을 지원하기에는 큰 한계가 있다.
빈곤 모자가정에 대한 지원은 경제적 지원, 자녀에 대한 지원, 의료
적 지원, 심리사회적 지원을 포함하여 종합적으로 이루어져야 한
다.

첫째, 경제적 지원으로서, 여성의 독자적인 연금수급권을 확보하
는 방안, 한부모가족을 위한 아동수당을 도입하는 방안 등을 적극
검토해볼 필요가 있다. 또한 국민기초생활보장제도의 수급권을 갖
지 못한 차상위계층의 저소득 모자가정에 대한 생계비 지원을 현실
화할 필요가 있으며, 자립을 지원하기 위해 여성 가구주의 직업훈
련기간 동안 생계가 보장될 수 있을 정도의 경제적 지원을 제공할

필요가 있다. 아울러 경쟁력 있는 기술교육 중심의 직업훈련을 실시하여야 하며, 직업훈련뿐 아니라, 보육, 아동지도, 상담 등 포괄적인 서비스를 지원하여야 한다.

둘째, 자녀에 대한 지원으로서, 아동양육 지원액이 지나치게 낮으므로 현실적으로 조정할 필요가 있다. 자녀학비 지원에서 초등학생과 대학생은 제외되었으나, 초등학생에게도 교재비, 학용품비 등에 해당하는 금액의 지원과 전문대학 이상의 교육에 대한 학비융자 등의 지원을 제공할 필요가 있다. 이 밖에도 방과후 아동지도 프로그램, 한부모가정의 자녀에 대한 사회의 부정적 인식에 대처하기 위한 서비스와 프로그램, 가족관계, 교우관계 등을 지원하기 위한 프로그램 등을 개발하여 보급할 필요가 있다.

셋째, 의료적 지원으로서, 저소득 모자가정에 건강의 문제가 있음에도 불구하고, 국민기초생활보장 수급자가 아닌 저소득 모자가정은 의료보호에서 누락되고 있다. 이들에 대해 의료보호의 혜택을 부여할 필요가 있다.

넷째, 심리사회적 지원으로서, 여성 가구주뿐 아니라 모자가정 전체를 지지하는 사회관계망을 형성하고 유지하도록 지원할 필요가 있다. 확대가족은 긍정적인 지지체계일 수 있으나, 경우에 따라 오히려 부정적일 수도 있는 것으로 나타나고 있으므로, 질적인 지지자원을 활성화할 수 있도록 지원해야 한다. 또한 모자가정의 가족관계를 지원하기 위한 가족 개입이 필요하며, 어린 자녀와는 달리 청소년 자녀는 어머니에 대해 비판적이거나 비난하는 경우가 흔하기 때문에 이로 인한 가족관계의 어려움에 대해 예방적 차원에서 개입할 필요가 있다.

5) 아동, 장애인, 만성질환 가족원이 있는 가족에 대한 지원

빈곤 여성 가구주의 대다수는 생계를 담당할 뿐 아니라 가족을 수발하고 보살피는 부담을 가지고 있음을 알 수 있다. 그러므로 지역사회 복지체계를 구축하여 장애인, 노인, 만성질환 가족원이 있는 가족에 대한 지원을 활성화할 필요가 있다.

또한 빈곤 모자가정을 지원하기 위해 정부와 사회는 공개념에 기초하여 국·공립보육시설뿐만 아니라 민간보육시설, 가정보육시설, 직장보육시설을 지원할 필요가 있다. 정부는 국·공립시설에게 지원하는 것과 유사한 수준에서 민간시설의 운영비 혹은 보육교사 인건비를 지원해야 한다. 1990년대 후반에 이루어진 정부의 보육시설 확충계획에 따라 양적 증가가 이루어진 것은 사실이나, 이에 상응하는 질적 수준의 향상은 이루어지지 않고 있다. 질 높은 보호와 교육서비스를 제공하기 위해 무엇보다 다양한 보육 프로그램을 개발하고, 영유아 교재와 교구를 개발하여 보급할 필요가 있다. 이와 더불어, 보육교사의 근무조건을 보장하고, 보육교사의 전문성을 확립하기 위한 방안을 마련할 필요가 있다. 이 밖에도 영유아, 장애아, 24시간 보육시설과 농어촌 및 저소득층 보육시설을 활성화할 필요가 있으며, 방과후 아동보육의 양적 확충과 질적 발전을 위해 방과후 보육교사의 자질과 전문성 확보, 방과후 보육 프로그램의 개발이 필요하다. 단순히 아동에 대한 보호 혹은 학습 지도 차원에서 벗어나 아동 자신을 계발하고 특기와 취미 생활을 지도하며, 학습과 정서적 적응을 위한 개별 활동을 제공해야 한다.

6) 여성의 의식고양과 능력고취

사회보장체제의 성간 형평성을 확보하기 위해서는 위에서 살펴
본 제도의 변화뿐 아니라 여성 자신의 변화를 지원할 필요가 있다.
여성이 변화의 주체가 될 수 있도록 여성복지서비스 전달체계에서
는 여성의 의식고양을 강조해야 한다.

의식고양(consciousness raising)은 '자신의 삶을 조성하는 사회문화
적 현실과 그 현실을 변형하는 자신의 능력을 깊게 의식하는 과정'
이다(Bricker-Jenkins & Lockett, 1995: 2535). 가부장적 사회에서 여성
은 다음과 같은 질문들을 통해 가정과 직장, 지역사회에서 현실을
창조하고 책임질 수 있어야 한다: ① 나의 욕구는 무엇이며, 내가
원하는 것은 무엇이고, 나의 인생 비전은 무엇인가? ② 나의 자기정
의(self-definition)와 현실의 출처는 무엇인가? 이것은 자신과 세계에
대한 나의 경험과 일치하는가? ③ 이 정의로부터 혜택을 받는 사람
은 누구인가? 내가 이 정의에 따라 사는 것이 가능한가? 만약 아니
라면...... ④ 무엇이 변화되어야 하며, 어떻게 변화되어야 하는가?
변화를 가져오기 위해 내가 무엇을 해야 하는가? 변화를 위한 힘의
출처는 무엇인가?

여성은 의식고양을 위해 문제해결 기술, 자기주장훈련, 생활기술
로서 부모역할, 고용, 자기방어기술, 집단 의사소통기술, 자원활용
기술 등에 대한 훈련을 받을 필요가 있다.

또한 개별 여성이 변화의 주체가 되기 위해 여성주의 시각에서는
여성의 능력고취(empowerment)를 위한 개입이 필요하다. 능력고취
는 세 가지 차원에서 이루어질 수 있는데 첫째, 여성 개인에 초점을
둔 능력고취로서 직면을 포함한 상호작용기술, 자기옹호, 권리감

(sense of entitlement), 여성의 개인적 책임의식, 권력과 특권의 남성과의 공유의식, 과제중심 문제해결 방법, 자원과 기회의 활용 등을 훈련할 필요가 있다. 둘째, 집단적인 능력고취를 위한 '개입으로서 여성의 집단의식, 집합적 행동을 강조할 필요가 있다. 마지막으로, 사회적 차원의 능력고취를 위한 개입으로서 사회적 이슈에 대한 의식화, 사회구조의 변화노력 등을 강조할 필요가 있다.

여성의 의식고양과 능력고취 프로그램은 모든 여성들을 대상으로 실시되어야 할 뿐 아니라 특히 사회복지정책의 입안자와 결정자, 공공행정의 관리자와 실무자, 일선의 사회복지서비스 제공자, 자원봉사자 등이 교육과 훈련을 통해 반드시 학습해야 한다. 또한 공공부조사업에 참여하는 여성들의 능력고취를 위한 프로그램을 개발하고, 이를 적극 실행하기 위한 노력이 필요하다.

참고문헌

〈1차 자료 및 정책 보고서〉

국회 사무처, 2001, 「환경노동위원회회의록」.

국회 사무처, 1980-1999, 「국회 본회의 속기록」.

국회 사무처, 1990-1999, 「국회 법제사법위원회 회의록」.

국회 여성특별위원회 자료집, 1998, 「여성관련 법률의 입법과정과 향후
　　　과제」.

국회 여성특별위원회 자료집, 1999, 「모성보호정책- 근로여성의 모성보
　　　호관련법 중심으로」.

대통령직속 여성특별위원회, 1999, 『여성백서』.

보건복지부, 1993, 보건복지백서.

보건복지부, 1997, 모자가정 실태조사결과.

보건복지부, 2001a, 국민기초생활보장사업계획.

보건복지부, 2001b, 여성복지사업안내.

보건복지부, 2001c, 보건복지백서.

보건복지부, 2001d, 2001년 국민기초생활보장수급자 현황.

보건복지부, 2004a, "보건복지부 고시 제2004-77호".

보건복지부, 2004b, 『보건복지부 사업요약』.

보건복지부, 2005, 『모·부자복지사업안내』.

보건사회부, 1981, 『여성과 새마을 운동』.

보건사회부, 1987, 『부녀행정 40년사』.

서울시여성청년실무조사팀, 2001, 저소득층 빈곤여성을 위한 자활후견
　　　기관 활성화 방안모색, 서울특별시.

여성부, 2001, 여성한부모가족을 위한 사회적 지원방안, 여성부.

여성부, 1999, 「여성백서」.

여성부, 2001, 「여성백서」.

장성자, 1999, '1999년도 대통령 직속 여성특위의 주요 업무', 한국여성
학회 제6차 워크샵 「신정부 여성정책의 현황」 자료집.

통계청, 1996, 1995년 인구주택총조사 결과보고서.

한국보건사회연구원, 1995, 편부모가구의 생활실태와 복지대책.

한국보건사회연구원, 2000, 지소득 편부모 가족의 생활실태와 정책과제.

한국부인회 총본부, 1985, 『한국여성운동 약사 : 1945-1963 인물중심』.

한국여성개발원, 2002, 사회보험제도의 여성수급현황 및 개선방안연구.
한학문화.

한국여성개발원, 2000, 「북경행동강령 이행조사보고서」

한국여성개발원, 1997, 「여성정책의 현황과 전망: 21세기를 향한 여성정
책」.

한국여성단체연합, 1987-1999, 각년도『정기총회 자료집』.

한국여성단체협의회, 1975, 『세계여성의 해 기념자료집 - 1975년 세미나
를 중심으로』.

〈연구논문 및 단행본〉

강남식 · 신은주 · 성정현, 2002, "여성 조건부 수급자들의 실태와 자활
의욕에 관한 연구", 『사회복지연구』, 제19호, pp. 23-50.

권태환 · 김태헌 · 최진호, 1995, 『한국의 인구와 가족』, 일지사.

김경희 2002

김상용, 2000, "다시 호주제 폐지를 말한다", 『호주제도, 무엇이 문제인
가』, 법무부 토론회 미간행 논문집.

김선욱, 1998, "여성과 법, 이룬 것과 이루지 못한 것", 『여성과 사회』
제9호, 창작과 비평.

김선욱 외, 1993, 『여성정책담당 국가행정기구의 기능강화 방안』, 한국
여성개발원.

김선욱 외, 1994, 『여성일정비율 할당제 도입에 관한 연구』, 한국여성개

　　　발원.

김숙자, "가정폭력특별법안(시안)의 방향과 내용", 신한국당(안) 공청회
　　　자료집, 1996

김엘림, 1999, 『남녀고용평등법 시행 10년의 성과와 과제』, 한국여성개
　　　발원.

_____, 1994. "신정부 여성노동정책의 동향과 과제." 한국여성연구회
　　　편. 『여성과 사회』 제8호, 창작과 비평사.

김엘림·윤덕경·박은미, 2000, 『성폭력·가정폭력 관련법의 시행실태
　　　와 과제』, 한국여성개발원.

김영란, 2003, "한국여성운동과 여성복지정책의 변화", 『한국사회학』 제
　　　37집 3호.

김은실, 1991, "발전논리와 여성의 출산력", 『또 하나의 문화』 제8호, 도
　　　서출판 또하나의 문화.

김인숙, 1997, 여성복지정책의 현황과 발전방향, 여성복지발전을 위한
　　　포럼, 한국여성단체연합.

김주수, 1994, 『親族相續法』, 법문사.

김태홍·이정우·김용하, 2000, 『성인지적인 관점에서 본 보건복지정책
　　　영향평가 연구: 국민연금제도를 중심으로』, 한국여성개발원.

김현정, 2000, "여성운동과 국가의 관계에 관한 연구", 이화여대 여성학
　　　과 석사학위 논문.

남인순·윤정숙·강남식, 1999, "80～90년대 여성운동의 평가와 21세
　　　기 여성운동의 전망", 한국여성연구소 10주년기념 심포지움 자료
　　　집, 『세기 전환기 여성운동과 여성이론』.

문소정, 1995, "가족 이데올로기의 변화". 여성한국사회연구회 편, 『한국
　　　가족문화의 오늘과 내일』, 사회문화연구소, 사회문화연구소 출판
　　　부. pp. 329-368.

민경자, 1999, "성폭력 여성운동사", 한국여성의전화연합 엮음, 『한국 여
　　　성인권운동사』, 한울아카데미.

박민자, 1995, "한국가족정책과 가족", 여성한국사회연구회 편, 『가족과
　　　한국사회』, 서울: 경문사. pp.369-404.

박영란, 1995, "저소득 모자가정의 자립방안 연구", 한국여성개발원.

박영란 외, 2002, "여성빈곤 퇴치를 위한 정책개발 연구", 한국여성개발원.

박영란·황정임·김진경, 2001, "사회보험제도의 여성수급현황 및 개선방안 연구", 한국여성개발원.

박영란·황정임·정재훈, 2000, "외국의 여성복지서비스에 관한 연구", 한국여성개발원.

박형종·정경균·한달선·이시백, 1974, 『어머니회 연구』, 서울대 보건대학원.

박홍수·오인환·정경균·김혜순, 1977, 『효율적인 가족계획사업을 위한 새마을부녀회 활용방안 연구』, 연세대 사회과학연구소·대한가족계획협회.

배은경, 2004, 「한국사회 출산조절의 역사적 과정과 젠더」, 서울대학교 박사학위 논문.

서명선, 1989, "유신체제하의 국가와 여성단체", 『여성학논집』 제9집.

서울대 사회과학연구원, 1998, 「1980~90년대 한국의 여성지위 변화」.

서울시여성청년실무조사팀, 2001, 『저소득층 빈곤여성을 위한 자활후견기관 활성화 방안모색』, 서울특별시.

석재은, 2001, "여성의 노후소득보장을 위한 연금제도 개선방안: 장기적인 측면과 단기적인 측면", 양성 평등한 노후보장을 위한 연금제도 개선방안 심포지움, 한국여성단체연합.

신현옥, 2000, 「국가개발정책과 농촌지역 여성조직에 관한 연구 : 1960~70년대 마을부녀조직의 역할과 활동을 중심으로」, 연세대학교 사회학과 박사학위논문.

신혜수, 1999, "여성관련 국제인권협약과 여성운동", 한국여성의전화연합 엮음, 『한국여성인권운동사』, 한울아카데미.

심영희·정진성·윤정로 편, 1999, 『모성의 담론과 현실』, 서울: 나남출판사.

안병철 외, 2001, 『경제위기와 가족』, 미래인력연구센터.

양현아, 1999, "한국가족법에서 어머니는 어디에 있(었)나" 심영희·정진성·윤정로 편, 『모성의 담론과 현실』, 서울: 나남출판사.

_____, 2000, "호주제도의 젠더정치: 젠더 생산을 중심으로", 『한국여성학』 16-1. pp. 65-93.

엄규숙, 2002, "여성과 국민연금", 한국여성정책연구회, 『한국의 여성정책』, 미래인력연구원.

여성부, 2001, 『여성한부모가족을 위한 사회적 지원방안』.

_____, 2004, 『외국의 성주류화 동향과 여성정책기본계획』.

여성부·한국여성개발원, 2001, 「여성과 가족정책 세미나 : 가족정책의 새로운 전망」, 2001년 11월 16일 개최.

오장미경, 2005, "여성운동의 제도화, 운동의 확대인가 제도정치로의 흡수인가", 한국여성연구소 심포지움, 『페미니즘과 대안적 가치: 최근의 한국사회 변화에 관한 젠더분석과 전망모색』 자료집.

윤상우, 2001, "동아시아 발전국가론의 비판적 검토 - 한국의 경험을 중심으로", 『경제와 사회』 제50호.

이 옥, 2001, "방과후 아동 보육 발전 방안. 한국영유아보육사업의 질 향상을 위한 제도 개선방안", 한국영유아보육학회 춘계학술대회.

이미경, 1998, "여성운동과 민주화운동 - 여연10년사", 한국여성단체연합 엮음, 『열린 희망, 한국여연 10년사』, 동덕여자대학교 한국여성연구소.

_____, 1989, "국가의 출산정책 - 가족계획정책을 중심으로", 한국여성연구소, 『여성학 논집』 제6집.

이상덕, 1996, "사회복지와 새로운 패러다임", 여성복지예산 확대를 위한 정책토론회, 한국여성단체연합.

이재경, 1993, "국가와 성통제", 『한국여성학』 제9집.

이재경, 2003, 『가족의 이름으로 - 한국 근대가족과 페미니즘』, 또하나의 문화.

이혜경, 1994, "사회주의 여권론적 관점에서 본 한국 여성복지정책의 성격에 관한 연구", 서울대학교대학원 박사학위논문.

_____, 1997, "서울특별시 여성복지를 위한 민관 동반관계 발전전략", 제2회 국제여성 복지 심포지움: 민관협력체계 구축.

_____, 1999, "보건복지 여성정책의 성주류화", 『보건복지 담당공무원의 성인지력 향상을 위한 교육교재』, 보건복지부 여성정책 담당관실, 한국여성개발원.

이혜숙, 1999, "잘 자랄 권리, 잘 키울 책임", 심영희 외 편, 『모성의 담론과 현실』, 나남출판.

이효재, 1996, 『한국의 여성운동 - 어제와 오늘』(증보판), 정우사.

장성자, 1999, "여성특위의 위상과 업무", 한국여성학회 제6차 워크샵 자료집 「신정부 여성정책의 현황」.

정강자, 1998, "사무직 여성노동자 운동", 한국여성단체연합 엮음, 『열린 희망, 한국여연 10년사』, 동덕여자대학교 한국여성연구소.

정광현, 1967, 『한국친족상속법연구』, 서울대 출판부.

정현백, 2001, "김대중 정부의 여성정책 3년에 대한 총괄평가 및 정책제안", 여연 「김대중정부의 여성정책 3년평가 및 정책제안을 위한 토론회」발표문(2001. 2. 22).

정현숙, 1993, "이혼과 자녀들의 적응에 관한 실증적 연구", 『이혼과 가족문제』, 하우, pp.131-154.

조순경, 2004, "아직도 풀리지 않는 물음들: '17대 총선과 여성연합 대응에 대한 평가와 쟁점'에 대한 토론", 한국여성단체연합, 『17대 총선과 여성운동 대응활동에 대한 평가토론회』 자료집.

조은, 1996, 『절반의 경험, 절반의 목소리 - 여성정책의 현장』, 미래미디어.

조은·이정옥·조주현, 1996, 『근대가족의 변모와 여성문제』, 서울: 서울대학교 출판부.

조형 (엮음), 1996, 『양성평등과 한국 법체계』, 이화여대 출판부.

조형, 1996, "법적 양성평등과 성의 정치: 여성관련법 제·개정을 중심으로", 『한국여성학』, 제12권 1호.

____, 1999, "사회변동과정에서의 여성정책의 위상과 의미", 한국여성학회 월례발표 원고.

조흥식·김혜련·신혜섭·김혜란, 2000, 『여성복지학』, 학지사.

주성수, 2003, 『공공정책 가버넌스』, 한양대학교 출판부.

통계청, 2001, 『2000년 인구주택총조사 결과보고서』.

한국보건사회연구원, 1995, 『편부모가구의 생활실태와 복지대책』.

_____, 2000, 『저소득 편부모 가족의 생활실태와 정책과
제』.

한국여성개발원, 2002, 『사회보험제도의 여성수급현황 및 개선방안 연
구』, 한학문화.

한국여성연구회 역, 2000, 테레사 쿨라빅 외 지음, 『복지국가와 여성정
책』, 새물결.

한국여성정책연구회, 2002, 『한국의 여성정책』, 미래인력연구원.

한인섭, 1994, "성폭력특별법과 피해자보호 : 그 문제와 개선점", 대한변
호사협회, 인권과정의, 제214호, 1994

_____, 1998, "가정폭력법의 법적 구조와 정책지향에 대한 검토", 서울
대 법학, 제39권 2호.

_____, 1998, 『한국형사법과 법의 지배』, 한울아카데미, 1998

함철호, 1991, "한국 사회복지에 대한 사회통제적 고찰 - 복지법과 복지
비를 중심으로", 한국복지연구회 엮음, 『한국의 사회복지 1』, 이
론과 실천.

황정미, 2001a, 「개발국가의 여성정책에 대한 연구 - 1960~70년대 한국
부녀행정을 중심으로」, 서울대 사회학과 박사학위 논문.

황정미, 2001b, "여성정책과 젠더정치 - 복지국가 및 후발국가의 사례를
중심으로", 한국여성연구소, 『페미니즘 연구』 창간호.

Abramovitz, M., 1996(revised edition), *Regulating the Lives of Women-Social
Welfare Policy from Colonial Times to the Present*, South End Press,
Boston.

Bricker-Jenkins, M. & Lockett, P., 1995, "Women: Direct practice", in R.
Edwards(ed.), *Encyclopedia of Social Work*, vol. 3, 19th ed, (pp.
2529-2539), Washington, D.C.:NASW.

Esping-Anderson, G., 1990, *The Three Worlds of Welfare Capitalism*, Cambridge.

Evans, P., 1995, *Embedded Autonomy : States and Industrial Transformation*, Princeton University Press.

Fineman, Martha., 1991, *Illusion of Equality: The Rhetoric and Reality of Divorce Reform*, Chicago and London: University of Chicago Press.

Gilligan, Carol., 1982, *In a Different Voice*, Cambridge: Harvard University Press.

Gordon, L., 1990, "The New Feminist Scholarship on the Welfare State", in L. Gordon(ed.), *Women, the State, and Welfare*, University of Wisconsin Press.

Harding, Lorraine Fox., 1996, "The Quest for Family Policy," In Lorraine fox Harding(ed.), *Family, State and Social Policy*, London: Macmillan. (국역본: 한국여성정책연구회, 2000, 『복지국가와 여성정책』, 201-230쪽, 새물결).

Held, Verginia., 1993, *Feminist Morality: Transforming Culture, Society and Politics*, Chicago: Chicago University Press.

Herma Hill, 1985, "Equality and Difference-The Case of Pregnancy", *Berkeley Women's Law Journal*, vol.1-1. pp.1-38.

Kamerman, Sheila B. & Alfred J. Kahn(eds.), 1978, *Family Policy-Government and Families in Fourteen Countries*, New York: Columbia University.

Kwon, T-H., 2002, "Demographic Trends and Their Social Implications in Korea," *Social Indicators Research* (to be published in 2002 late Issue).

Lewis, J. and Ostner, I., 1991, "Gender and the evolution of European social policies", *CES Workshop on Emergent Supranational Social Policy: The EC's Social Dimension in Comparative Perspective*, Center for European Studies, Havard University.

Mazur, Amy G., 2002, *Theorizing Feminist Policy*, Oxford University Press.

Moser, Caroline O. N., 1993, *Gender planning and development : theory, practice and training*, London ; New York : Routledge. (국역본: 장미경 외 역, 2000, 『여성정책의 이론과 실천』, 문원출판.)

O'Connor, J. S., 1999, "From Women in the Welfare State to Gendering

Welfare State Regimes", *Current Sociology*, vol. 44, no.2.

Orloff, A.S., 1993, "Gender and the Social Rights of Citizenship", *American Sociological Review*, vol., 59.

Orloff, A.S., 1996, "Gender in the Welfare States", *Annual Review of Sociology*, vol. 22.

Pringle, R. & Watson, S., 1998, "Women's Interests and the Poststructuralist State", in Phillips, A.(ed.) *Feminism and Politics*, Oxford and New York: Oxford University Press.

Ruddick, Sara., 1989, *Maternal Thinking*, Boston: Beacon press.

Sainsbury, D., 1994, "Women's and men's social rights: gendering dimensions of welfare states", In Sainsbury, D.(ed.), *Gendering Welfare States*(pp. 150-169), Sage.

Sawer, M., 1995, "Femocrats in Glass Towers?": The Office of the Status of Women in Australia', in D. M. Stetson & M. Mazur(eds.), *Comparative State Feminism*, Sage.

Skocpol, T., 1992, *Protecting Soldiers and Mothers - The Political Origins of Social Policy in the United States*, The Beiknap Press of Harvard University Press.

Stetson, D. M. & Mazur, A.(eds.), 1995, *Comparative State Feminism*, Sage.

Waylen, G., 1996, "Democratization, Feminism and the State in Chile: The Establishment of Sernam" in Rai S. M. & Lievesley G.(eds.) *Women and the State: International Perspectives*, Taylor and Francis.

Weisberg, D. Kelly (ed.), 1993, *Feminist Legal Theory-Foundations*, Philadelphia: Temple University Press.

Williams, Wendy, 1984, "Equality's Riddle: Pregnancy and the Equal Trreatment/Special Treatment Debate", *N.Y.U Review of Law and Social Change*, vol.325: 15-39.

Zimmerman, S., 1992, *Family Policies and Family Well-being*, Newbury Park: Sage.

〈인터넷과 신문자료〉

내외경제신문. 2000.11.20
동아일보. 2001.4.22 & 4.25
문화일보. 2002.3.8
조선일보. 2001.5.16
한겨레 21. 2002.3.15
한겨레신문. 2002.3.12
한국가정법률상담소. http://www.lawhome.or.kr
한국노동부 모성관련법. http://www.kcia.or.kr/materials/mo_01.html
한국통계청. http://www.nso.go.kr
한국법제처. http://www.moleg.go.kr

찾아보기

저자 (가나다 순)

권태환
현재 서울대학교 사회학과 교수
서울대 사회학과 졸업, 호주 국립대(Australian National Univ.) 사회학 박
　　사, 인구학.
주요 저서 및 논문으로는 『중국 조선족사회의 변화』, 『한국출산력변천
　　의 이해』, 『세계의 한민족: 중국』, 『인구의 이해』, 『한국사회: 인
　　구와 발전』, Demography of Korea, The Population of Korea,
　　Induced Abortion in Korea 등이 있다.

김혜란
현재 서울대학교 사회복지학과 부교수.
연세대학교 영문학과 졸업, 일리노이대학교 사회복지학 석사, 시카고대
　　학교 사회복지학 박사.
주요 저서 및 논문으로는 『사회복지개론』, 『사회복지실천 기술론』, 『여
　　성복지학』, 『빈곤아동과 삶의 질』(공저), 그리고 「사회복지 서비
　　스 이용이 빈곤아동의 심리사회적 적응에 미치는 영향」 등이 있
　　다.

양현아
현재 서울대학교 법학부 조교수
서울대학교 사회학과 졸업, The New School for Social Research 졸업, 사회
　　학 박사.
주요 저서 및 논문으로는 『낙태죄에서 재생산권으로』(편저), 『가지 않은
　　길, 법여성학을 향하여』(편저), 그리고 「서구의 여성주의 법학: 평
　　등과 차이의 논쟁사」, 「호주제 위헌소송에 관한 법사회학적 고찰:
　　'가족'의 변화를 중심으로」, 「증언과 역사 쓰기: 한국인 '군위안
　　부'의 주체성 재현」, 「식민지 시기 한국가족법의 관습 문제: 시간
　　성의 실종을 중심으로」 등이 있다.

한 인 섭

현재 서울대학교 법학부 부교수

서울대 법학과 졸업, 동 대학원 졸업, 법학 박사. 법과사회이론학회 회장
및 사법개혁위원회 위원을 역임한 바 있다.

주요 저서 및 논문으로는『한국 형사법과 법의 지배』,『정의의 법, 양심
의 법, 인권의 법』,『권위주의 형사법을 넘어서』,『5 · 18, 법적 책
임과 역사적 책임』등 다수의 저서를 냈다.

황 정 미

현재 한림대학교 사회학과 전임강사.

연세대 사회학과 졸업, 서울대학교 대학원 졸업, 사회학 박사.

주요 저서 및 논문으로는『개발국가의 여성정책에 관한 연구』,『모성의
담론과 현실』(공저),『우리 안의 이분법』(공저), 그리고「적극적
조치와 여성 - 미국과 스웨덴 사례를 중심으로」,「남성의 위기와
탈전통 시대의 남성성」,「여성정책과 젠더 정치 - 복지국가 및 후
발국가의 사례를 중심으로」등이 있다.

한국 여성정책의 쟁점과 전망
—가족, 성폭력, 복지정책

초판 인쇄   2005년 11월 18일
초판 발행   2005년 11월 25일

지은이   권태환 김혜란 양현아 한인섭 황정미
발행인   양소연
발행처   도서출판 함께읽는책

주소   (156-713)서울시 동작구 신대방2동 395-69 아카데미타워 3004호
선화   02-835-7845
팩스   02-847-7846
이메일   nanum@ncbook.co.kr

가격   12,000원
ISBN   89-90369-35-5 (93330)

• 파본은 구입하신 곳이나 당사에서 교환해 드립니다.